Star
星出版

新觀點
新思維
新眼界

日日靜好

90歲精神科醫師
教你恬淡慢活的幸福人生

心に折り合いをつけて
うまいことやる習慣

精神科醫師
中村恒子 口述

奧田弘美 撰寫

賴詩韻 譯

目錄

第 1 章 你為何工作？

第 2 章

不抱期待，事情反而更順利

第 3 章

人際關係的微妙之處

第4章 如何使內心恢復平靜？

第 5 章

工作與生活「兩全其美」的辦法

第 6 章

日日靜好的生活哲學

推薦序

人無論到了哪裡，始終都是一人獨行

洪仲清

「見素抱樸，少私寡慾。」——老子，《道德經》

我很榮幸為這位九十歲的精神科醫師的書寫序，她幾乎活成了傳統道家描述的理想狀態。看起來很平凡，但在平凡中，足見其不凡。

從小我就喜歡跟老人家聊天，以前的人教育程度通常不高，所以常用簡單的詞句，講出精煉幾十年的人生智慧。可是，這種看起來很平淡的字眼，不見得能受到現代人歡迎。老人家常說出口的，聽起來就像老生常談。

不過，道理簡單，能實踐才是難。

如果漂亮的道理、高深的理論，就能夠濟世救人，那天下的紛亂可能就會少很多。中村恒子醫師卻用平凡的道理，走過戰後紛亂的日本，以及自己人生中的重大波折。

恒子醫師的生活簡單，寡欲知足，而且與人常保持著淡如水的距離。即使面對自己的孩子，還有可愛的孫子，幾十年來也都保持著這樣的態度。就算住在隔壁，大概一週才見一次面，大部分私人時間身處孤獨。

說實在話，要做到恒子醫師這種狀態，養身養心的功夫都要持之以恆才行。她內在得要有長期的建設，換句話說，也就是她很能愛自己，能享受獨處。

恒子醫師說：「一旦認清我們最終是獨自一人，就不會對他人抱著不必要的執著。有了這樣的領悟之後，你會不可思議地發現，整個人的身心都變得自在了。不再被多餘的煩惱束縛，不再恐懼，可以隨心所欲真正做自己。如此一來，對於想要結交的朋友，都能夠輕鬆交往，建立健全的人際關係。」

能獨處，才好相處。這個概念用在恒子醫師身上，就相當鮮明了。

如果我們細看恒子醫師跟當事人討論的重點，很容易會注意到，即便用詞簡單，意涵卻相當前衛，不大像這個年紀的人會有的信念。譬如說，恒子醫師跟人保持了相當清楚的界線，這一點讓她很少跟人起衝突，自然心境平和。

「上善若水。水善利萬物而不爭，處眾人之所惡，故幾於道。」——老子，《道德經》

她的身段相當柔軟，所以工作邀約不斷。而工作本身，也持續幫助恒子醫師增加實務經驗，跟當事人建立長年的連結，這是進行心理衛生工作這一行，對我來說，相當相當獨特的恩典。

還有，「獨立老」這個概念，恒子醫師恰恰是最佳典範。能夠獨立自主地老去，而且心態相當健康，活得完整，活得具有尊嚴，對於身後事也不避諱討論，這不是那麼容易做到的。

恒子醫師也是相當活在當下的人，討論人際糾葛，態度很務實。人常常因為高遠的目標與理想，而自我挫折，她則常回到現實面，抓住關鍵核心，先從日子過得下去開始談起。

我常談靜心，心能靜下來，就不會讓大腦自己嚇自己，自尋煩惱，就能回到根本。所以我很喜歡恒子醫師談睡眠，晚上的工作就是好好睡覺，醒來再專注於操之在己的事物即可。

回到身體裡，傾聽身體的聲音，活在經驗而非想像的世界，這些概念我常跟不同朋友討論，我沒想到恒子醫師也有提及。關注的焦點常向內而非向外，比較能找到屬於我們個人的答案，雖然我的用詞跟恒子醫師不同，但精神雷同。

此外，恒子醫師的謙虛，正好是我們當代心理治療，很重視的當事人的「自療」。也就是，心理工作者實務的重點，在於增能或賦權，在助人者與被助者互為主體的情況下，當事人能感受到自己的努力，對自己的改善有重要影響，因此對自己產生自信，也願意獨自面對未來的挑戰。

這本書特別的地方是，不只有恒子醫師個人的說法，也有後輩的觀察。從這兩個角度來描繪，恒子醫師的人格樣貌就變得很立體，能讓讀者在細膩處學習。

恒子醫師在文字上的語氣相當誠懇，感覺起來真是一位很好的傾聽者。不瞞各位說，我在讀這本書的書稿時，心中偷偷地想，如果我能夠工作到九十歲，還保持接近恒子醫師的狀態，不知該有多好？

恒子醫師的照片看起來真的很難想像是九十歲的人，她活出了自己的說法，而我則是看到了榜樣。也邀請各位朋友一起來閱讀，學習恒子醫師應對人生的好方法。

祝福您！

（本文作者為臨床心理師）

前言

人生本來就是會遇到許多問題，不用煩惱太多

中村恒子

我是中村恒子，現年九十歲。從事精神科醫師的工作，已經將近七十年。由於是受雇醫師，工時固定，從早上九點上到下午五點，是全天班，應該說是「被迫工作」比較貼切吧（笑）。

感恩的是，有許多患者找我看診，因此得以工作這麼長的時間，也有許多機會接觸到各式各樣的人。

不用說，人的煩惱真是五花八門，而且不分年齡與性

別，有對職場人際關係的煩惱，也有家庭問題。

「我才剛畢業，覺得現在的工作不適合自己。」

「現職無法做自己想做的事。」

「自從要帶人之後，覺得壓力變大了！」

「我在職場被排擠。」

「家事和育兒都不順，覺得很焦慮。」

「和媳婦相處不和諧。」

「為了照顧父母，不得不辭掉工作。」

「跳槽之後的新公司，跟我想的不一樣。」

諸如此類的煩惱，聽起來雖然稀鬆平常，一旦發生在自己身上，就會覺得烏雲罩頂，煩惱不已。

有些問題，取決於當事者的態度就能夠解決；也有些問題，需要咬緊牙關忍耐才能夠度過。當然，也有人同時遇到好幾種難題。

遇到難題時，我們要怎麼做才好呢？

這時候，我們應該要思考，如何在現實與自己的感受之間取得平衡。

簡單說，人生本來就是會遇到許多問題，我們要思考該怎麼做，才能夠「智慧處世」。

舉例來說，曾經很順利的事，後來因為某些緣故，突然變得不甚如意。大致上的原因，可能是一點小誤會，或是別人的隻字片語傷害了自己。

雖然是小事，一旦放在心上，人性或職場令人厭惡的一面，就會不斷映入眼簾，心中也愈來愈感到不安。

很多人就是因為無法說出口的煩惱，日積月累，感到無計可施，才來找我看診。

這種情況與整個時代背景大有關係，社會有太多規範要求人們遵從，久而久之，人們自然就會感到身心俱疲。

人生本來就會遇到很多問題，遇到難題時，應該思考如何在現實與自己的感受間取得平衡。

當發生令人煩惱的事情時，該怎麼做，才能夠在日常生活的各種壓力之間取得身心平衡，讓事情順心如意呢？我將透過本書回想自己的人生經驗，以及患者們的經歷，給予大家一些建議。

為了工作奉獻大半人生，如果有人問我喜不喜歡工作，老實說，我才不喜歡咧（笑）！

當然，我不討厭工作，但談不上真心喜歡。此外，如果你問我，對工作是否有遠大的目標？那也是完全沒有的事（笑）。

雖然我總是提到「智慧處世」，但其實我很憨慢，挺笨拙的。對於如何做到八面玲瓏，完全一竅不通。

我能夠持續至今的動力，只是「面前的患者求助於我，就盡力幫助他」，「只要我做得到的，就去做」而已。

現在想想，我已經盡我所能了。當然，過程中，也有許多妥協。

不同的人會給你不同意見，最終還是取決於你自己。我們要思考的，就是自己想要怎麼過日子，僅此而已。

我的可取之處，只是有很長的資歷和人生經驗。如果我的建議能夠對您有所幫助，請聽我慢慢說來。希望能夠協助您減少日常生活的煩惱，讓生活過得更順遂如意。

撰者的話
恬淡慢活，活在當下

奧田弘美

二戰結束前夕，一九四五年（日本昭和二十年）六月，當時年僅十六歲的中村恒子，為了成為一名醫生，隻身一人從廣島的尾道市遠赴大阪。

直到現在九十歲，恒子醫生仍然一直從事精神科醫師的工作。恒子醫生原本每週上六天的整天班，從二〇一七年八月開始，終於減少為一週只上四天班。

身高一四八公分，體重不足四十公斤的恒子醫生，個子嬌小，說出來的話，充滿了溫暖和深深的慈愛。

病患聽了她的話，都找回了活下去的勇氣。就好像微弱、細小的搖曳燭光，再度回復為熾烈的火焰一般。不僅是患者，恒子醫生周遭的人看到她澹然工作的樣子，或是感受到她的溫暖個性，都因此獲得勇氣，打起了精神。

身為採訪撰述者，我也是受到恒子醫生關照的其中一人。她的生活方式，用一句話來說，就是「恬淡慢活」。不精明、也不追求效率，總是專注於活在當下，而且絲毫沒有勉強自己的感覺。

恒子醫生總是隨順自然的樣子，讓我們發現「原來可以這樣過日子」，「沒想到這樣的生活也很不錯」。

怎麼做，才能夠像恒子醫生那樣恬淡慢活、「智慧處世」呢？接下來，請一起來了解她波瀾壯闊的人生經歷，和她的處世哲學。

第1章

你為何工作？

01

為「錢」工作，有何不可？

當了精神科醫師之後，經常碰到不知為何工作的人。「工作沒有意義」、「得不到他人肯定」、「人際關係很難處理」等，各式各樣的煩惱都有，大家似乎都為了工作上的問題所苦。

我希望大家可以想想，人必須工作的根本原因是什麼？或許，有人會說，是「為了做自己想做的事」，或是「為了實現夢想」。這些的確可以算是工作的意義。

但是，如果從根本意義來看，人是為了維持生活而工作，這點古今皆然。

人們工作，是為了養家餬口，這才是最大的目的。除了身心障礙者以外，手腳健全的人，都必須負責養活自己。

能夠自食其力，靠自己的力量立足於社會，才能被視為可以「獨當一面」的成人。因此，**為了「賺錢」而工作，一點都不可恥，反而是堂堂正正、非常了不起的事。**

就算不是外出工作賺錢，而是為了支持另一半的工作，負擔起守護家庭的責任、在家照顧家人，這也是很重要的工作。

無論賺錢多寡，只要能夠負擔一家生活所需，就已經非常了不起。人，就是這樣生活過來的。

我最初從醫，也不是為了「救死扶傷」的崇高理想，只是在「生活流轉的偶然之下」，成為了醫師。

一九四五年六月，只有十六歲的我，從廣島的尾道市前往大阪。時逢二戰結束前夕，列車破舊不堪，無論是車廂之間的通道或是車門處，都擠滿了人。還好，有一位好心的阿姨從窗戶拉了我一把，我才能勉強搭上車。那個情景直到現在，我仍然記憶猶新。

家父只是一個生活拮据的小學教師，我們家有五個孩子，父母很溺愛兩個弟弟，我從小就被耳提面命：「從女子學校畢業之後，就去當老師或嫁人吧！盡早自立。」

這也沒什麼大不了的，鄉下孩子多的家庭，大多如此。生於這樣的家庭，我不得不盡早為工作打算。

剛好在大阪開私人診所的舅舅，提到「親戚裡有人要當醫生的話，我就幫忙出學費。」男性醫師在當年全數被徵召當軍醫，醫生非常短缺。

在這種情況下，我決定從醫。說不上期待，也不是志願，當時的我，只有這條路可走。之後，我就開始工作了，這大概就是我成為醫生的緣由。

順道一提，我不是開業醫師，當了七十年的醫生，我一直都是雇員。說白了，就是一名上班族而已（笑）。

我沒有遠大的抱負，只是為了養家育兒，需要錢罷了。孩子們大了，也都早早獨立。雖然上了年紀，也想要退休，但是放不下相識多年的患者⋯⋯一回神，才發現自

當你懷疑一切「為誰辛苦、為誰忙？」時，記得告訴自己，「工作是為了自食其力」就好。

己居然已經工作了有七十年之久。

說得好聽點，我算是順其自然，沒有想過什麼理想與抱負。我覺得，這樣的工作態度就足夠了。

當今社會充斥許多令人不安的新聞，我們能夠輕易接觸過多資訊，連誰過著什麼樣的生活都瞭如指掌。

可以想見，現代人的不安和不滿，也日益加劇。不過，對前途感到不安，憂慮不知該如何是好，在每個時代都是一樣的。

日常生活中，我們焦慮卻無能為力的事情很多。政治、經濟等議題，不妨就先擱到一旁。我們的首要之務，就是守護好自己和家人的生活。

當你懷疑這一切到底是「為誰辛苦、為誰忙？」時，只要斬釘截鐵地告訴自己，「工作是為了自食其力」就好。

這個理由，正是工作的初衷。

至於「生存的意義」或「追求自我成長」，等到確實能夠養活自己、有餘裕以後，再來慢慢想就好。人生可是很漫長的。

能夠自食其力的人，都非常了不起。如果你對這樣仍舊無法滿足，就代表你想要的更多。不妨再稍微想一下，你還有什麼不滿足的吧？

總之，為了生活而工作，非常正大光明，一點都不可恥。

02

在抱怨「這才不是我該做的事」之前，不妨就乾脆承擔，否則只會停滯不前

032

日日靜好

心に折り合いをつけて うまいことやる習慣

有些門診患者非常苦惱「待在現在的公司無法進步」、「找不到工作的目標」等問題。我想，他們是不是把事情想得太多、太難了呢？

該怎麼說呢？就是太過拚命了。

工作生涯是非常漫長的，如果對工作懷抱著過大的期待或執念，就很容易感到失望、苦惱。

人啊，**如果工作時，被面子、地位、名譽等束縛，過於在意他人的看法，很容易就會身心俱疲**。長久勉強自己，不要說工作數十年，可能做沒多久，就會累垮了。所以說，實在沒必要「拚命」工作。

對於被交代的工作，先不要想太多，攬下來做再說。如果總是眉頭緊皺，質疑「這件工作有什麼意義？」，次數多了，別人就會對你保持距離，再也不會把工作交給你了。

這一點，不論你的資歷深淺，都是一樣的。

有些退休後二度踏入職場的人，有時也會不滿地想著「這是我該做的事嗎？」我認為，不要對工作存有太多既定想法，會比較輕鬆、自在一點。

社會總是規勸我們要胸懷大志，但若是訂定過高的志向和目標，就會過於在意未來的表現和成果，無法專注做好眼前的事情，也很容易感到迷惘。

你不妨稍微放低標準。若是自負地認為「我才不是該做這種事的人」，往往會把事情搞砸。

「算了，先做做看吧！」「既然這樣，就做吧！」有時，先不要想太多，二話不說，把工作承擔下來，還比較輕鬆一點。

抱持著這樣的態度，對於別人委託的工作，就會變得樂於接受。如此一來，不但對方會感謝你，你也能夠更愉快地工作。

如果接下工作之後，發現真的不喜歡，不妨好好努力、鑽研一番，當作累積經驗。如果不先承擔，只會停滯不前。

況且，人活到了七老八十，勝負已經沒有意義。頭銜和經歷有如浮雲，也沒有所謂的身分差異，只要闔家均安，身邊有可以聊是非的朋友，其他的都不是那麼必要。

就算賺了大錢，卻因為拚命工作搞壞了身體，累垮自己，還拖累家人，這會是你樂見的嗎？只是變得不幸而已。

這個社會上，擁有金錢卻內心空虛、不安、孤獨的人，比想像中還多。有太多家財萬貫的人，卻仍找我看診。

日本在二戰後飛躍發展，人們對生活普遍存在著各種「理應如此」的觀念，但是現在的情況已經大不相同。

六十歲不是人生開始走向終結，許多人走過了一甲子，仍有好長的人生要過。

工作生涯非常漫長，不要給自己太大的壓力。
不喜歡的工作內容，就當作累積經驗。

不要給自己太大的壓力，以「只要能夠幫助眼前的人就好」的心態面對工作。

能夠餬口、生活過得去，就已經很了不起了。如果自己的工作，還能夠令對方感到愉快，就是更多的收穫。

要度過漫長的人生，這樣的心態是很重要的。

03

不喜歡工作，也沒什麼大不了的，
想著「做了總比不做好」，
就可以持續下去

我到八十八歲，仍然持續一週工作六天。迄今，好多人問我：「醫生，您真的很喜歡工作，對吧？」

我從來沒有說過：「我非常喜歡工作。」雖然不是「非常討厭」，但也不是「非常喜歡」。如果要說「喜歡，還是討厭？」，應該是比較偏向「喜歡」吧？工作對我來說，大概就是這樣的感覺。

二十幾歲的時候，我沒有辦法選擇「不工作」。由於無法依靠父母，為了生活，我必須工作，根本沒有空閒或餘裕，思考自己到底是喜歡還是討厭。

後來，跟婚前一樣，婚後的我，不要說喜歡或討厭，仍然「不得不」繼續工作。

就這樣，過了數十年，工作已經成為我的生活一部分。等孩子長大獨立之後，我很自然就繼續上班，反正待在家裡，也無事可做嘛（笑）。

或許，有些人會認真想著「一定要喜歡工作」、「必須樂在工作」，我卻覺得完全沒有必要。

如果能夠從事自己非常想要做的職業，自然是再好不過了。但是，那種像是中獎般的好事，我們想想就好。只要持續做下去，或許有一天，就會遇到自己喜歡的工作……用這樣的心情上班，就不會產生莫名的壓力。

「做了總比不做好」的心態，是讓自己自然而然持續下去的祕訣。

能夠這樣想，就不會產生過度的期待，每當遇到棘手、討厭的工作時，就會有「沒辦法，工作總免不了鳥事嘛！」的豁達心態。

若是在工作當中有時能夠遇到令人開心、滿足的事，就非常令人滿足了。

比方說，真的非常喜歡打掃和洗衣服的人，應該不多吧？但是，為了維持日常生活的運作，我們不也都做了嗎？

面對工作，也是一樣的道理。偶爾去旅行、遊玩，令人覺得愉快，但是次數太過密集，就會逐漸感到厭煩。就算一開始覺得刺激，很快地就會因為習慣而麻木。

喜歡或討厭自己的工作，根本無關緊要。比起職務內容，人際關係才更重要。

以我的經驗判斷，人討厭工作的原因，大都是人際關係。當一個人無論到哪裡都討厭工作，或許就是和同事的相處上出了問題。因此，不需要特別考慮對工作的好惡。

無論是什麼樣的職務，不管到了幾歲，只要你還能夠工作，請你繼續做下去。人一旦空閒下來，就會胡思亂想，甚至雞毛蒜皮的事都會放在心上，開始鑽起牛角尖來。

空閒有時變成「毒藥」，「適當」的忙碌，才是最好的狀態。

工作總免不了鳥事，學會豁達。空閒有時變成「毒藥」，「適當」的忙碌，才是最好的狀態。

在這個時代，你一定可以找到「不喜歡、也不討厭」的工作。不要急，也不要慌，慢慢找到「即使不是非常喜歡，但可以長久做下去的工作」就好。

等到上了年紀，讓工作像吃飯和打掃一樣，成為你自然且穩定的習慣，這樣就再好不過了。

04

公司是別人開來賺錢的地方，
要繼續或放棄，選擇權都在你，
自己的選擇，與他人無關

我雖然奉勸大家要重視眼前的事物，但不是要你對別人交代的工作毫無底線地全部吃下來。

最重要的，還是你自己。如果無法維持健康，不但會讓家人不安，你也會時常產生負面的想法。

假如你的工作，逼你做出巨大犧牲，還是趕快逃離比較好。

我的患者有些在職場上遭遇到險惡的霸凌、上司壓迫，或是幾乎沒有時間睡覺，被迫要工作到三更半夜，真的非常可憐。

令人難以置信的是，在這麼糟糕的職場環境，因此身心瀕臨崩潰的人，居然還在糾結「自己不應該逃離」，這未免太過憨直！

「有志者事竟成」，這句話雖然有幾分道理，但前提是不能賠上自己的身心健康。

如果你的內心已經發出「這裡不適合我」、「真的撐不下去了」的警訊，那就請你放下吧！在身心崩潰之前，趕緊離開。

把自己逼到過勞死，這像話嗎？**公司只是別人開來賺錢的地方，何必為了別人的聚寶盆，賠上自己寶貴的性命和家人的幸福？**如果你已經下定決心要離開，就鼓起勇氣走吧。

但離職要乾淨俐落，盡量把手上的工作好好收尾，做好職務交接，不要給同事添麻煩。

有句話叫做「善始善終」，人永遠不知道會在何處、因為何種因緣相聚，因此盡量不要給他人造成困擾，把事情做到告一段落再離開。

還有，先找到「下一份工作」再離職，是最理想的情況。有些人會「先辭職再找新工作」，我覺得這樣比較危險，但如果真的已經被逼到走投無路，那就另當別論。

為了找到下一份工作，不要等到身心俱疲才想要離開，要在自己還有力氣、可以做好周全準備時，趕快離開。

人不見得會在很積極、正面的情況下，才會下定很大的決心。有時是積極地「想要更努力一點」，有時則是消極地為了「逃離現狀」，兩者都是很正常的情況。也就是說，**「想要逃離」的心情，也是改變人生的一種原動力**。

最重要的是，無論是出於積極或消極的心態，你所做的決定，都是出於你自己的意志。因此，你應該要為自己的決定負責。

你不應該想都是因為「之前的工作太糟糕，我才會變成現在這樣」，而是想「是我自己決定要換工作的，這個現狀是我選擇的。」

勇於承擔，不要把責任推到別人身上，忠於自己的決

你的人生，應該由你自己決定怎麼過。勇於承擔，忠於自己的決定。

定，即使未來遇到難題，你都有辦法應對。

我舉雙手雙腳贊成，經過一番決定之後聰明離開。畢竟，你的人生不是別人的，應該由你自己決定怎麼過。

Episode 1

二戰結束前夕，隻身從廣島遠赴大阪的少女

一九二九年（昭和四年）一月一日，中村恒子出生於廣島縣尾道市的因島。家中有五個兄弟姊妹，她排行老二，有一姊、一妹，還有兩個弟弟。雖然家中經濟只能算勉強過得去，但是她的雙親很重視教育，孩子起碼都完成中等教育。

中村恒子就讀高等女學校時，二戰剛打到一半，但是戰況漸趨惡化。日本下令戰時勞動動員之後，孩子們都被迫投入勞動，中村恒子也得從事勞動服務，每天織帆布。她回想當時的情景說：

「我因為身材嬌小，無法操作織布機，總是被派去搬運

紗線。工廠的人和負責領導的老師都很隨和，但我每天都很無聊。明明應該在女子學校念書的，卻得穿上黑漆漆的上衣和工作褲，每天到工廠分送紗線。

當時十幾歲的我，已經有預感日本會戰敗。日本戰敗之後，會變成怎樣呢？我每天都很憂鬱，過著看不見未來的日子。」

那時，醫師都被相繼徵召到戰場當軍醫，國內醫師嚴重不足，鄉下的情況更為嚴重。

一九四三年（昭和十八年）十月，日本宣布實施「戰時緊急措施」，政府在國內相繼設立醫學專門學校。由於年輕男性都被徵召，政府便緊急設置了培育女醫師的醫學專門學校。

在這樣的情勢下，中村恒子在大阪開診所的醫師舅舅，向親戚們說：「想成為醫生報效國家的，我幫忙出學費。」

聽到這個消息，中村恒子的父母十分欣喜。學校老師也對她說：「恒子，妳一定要成為一名醫生！」，勸她報考大阪女子高等醫學專門學校，也就是現在的關西醫科大學。她不負眾望，通過了考試。

當時，她想著「與其每天待在軍需工廠，過著看不到未來的日子，不如到大阪看是否能成為醫生還比較好。如此一來，也可以繼續念書……。」

就這樣，年僅十六歲的中村恒子，拿著一只包袱和行李箱，隻身從尾道車站出發前往大阪。不過，事情往往沒有那麼順利。

當時處於二戰末期，美國的B29轟炸機經常飛過尾道市的上空，空襲配給隊伍和進行農作的人。

中村恒子回憶道：「當時，大家都覺得離死亡只有一步之遙，也做好到哪兒都會死的心理準備。」

鐵路優先輸送軍需，載客列車因此減少。所以，列車經常超載，不僅車廂裡，車廂之間的通道，也都擠滿了人。在這種情況下，根本很難從車門上車，大多數的人都是從車窗進出。

前往大阪的列車，當時正冒著黑煙，停在尾道車站的月台。中村恒子也像其他乘客那樣，逐一咚咚地敲著列車窗戶。一位親切的中年婦女打開了車窗，對她說：「從這裡上來吧！」然後，就伸出手，把她拉到車內。

中村恒子所搭乘的列車，也曾遇到好幾次空襲警報而停在中途，乘客們必須跑到車外，躲進草叢或樹林裡。

順利行駛的話，列車從尾道到大阪，大約需要七個小時。然而，運送大量乘客的列車，也是B29的空襲目標。當時，布滿彈痕的列車和客車照常行駛的情況，並不少見。

中村恒子一派輕鬆地說：「當時，不管到哪裡都一樣，日本全國上下，都籠罩在戰爭的陰影下，沒有任何期待和希望，禁止一切奢侈行為和遊樂。不管做什麼，都是為了報效國家和天皇陛下，所有人都停止了思考。由於感到死亡如此逼近，人也變得麻木不仁。」

最後，她花了大約十個小時抵達大阪，前往位於牧野村的大阪女子醫專。

（EP 2待續）

第2章

不抱期待，事情反而更順利

05

不去想「我一定要幸福」才會幸福，試著放下無謂的包袱

有些人非常在意自己幸不幸福，人如果能夠幸福地活著，自然再好不過。不過，沒有所謂的「我一定要幸福」這件事。

幸福、不幸福，本來就沒有多大的意義。**一個人覺得自己幸福與否，大多來自於和別人「比較」後的結果。**

無論是收入多寡、住家的地點與大小、孩子就讀哪間學校、成績表現如何、吃的食物、穿著是否時尚等，若以這些標準來判斷自己幸不幸福，就會沒完沒了。

不管做什麼，只要能夠隨心所欲就好。如果一直以「因為別人這樣，我一定要跟他一樣」為指標，一定會相當痛苦。

「非得這樣不可」的想法，就像是沉重的包袱。出於自己的意願而做，一點問題也沒有；如果一味以他人為標準，只會感到無比沉重、壓力很大。

明明不想，卻硬逼著自己去做，只會愈來愈覺寸步難行。此時，就很容易產生「我過得這麼痛苦，你也不能太好過」的想法，想逼別人跟自己一樣痛苦。

如果到了這種地步，就會開始一連串的惡性循環，因為「非這樣不可」的執念而努力過度，大都是出於「欲求不滿」。

會「欲求不滿」，無非是「希望被人誇獎自己很努力」，或是「我如此堅忍，就是想要得到更好的對待。」但是，一直束縛在別人的價值觀裡，就無法察覺自己「欲求不滿」的真正原因。

年輕的時候，不妨把對現狀的不滿當成動力，督促自己加緊努力。畢竟，人在年輕時，都有衝勁，也有潛力。

只是，**當年歲漸增、對自我擁有深刻的了解以後，就應該把欲望逐一捨去，才會活得更自在。**

如果你每天都覺得過得很痛苦，就不要再追求更多了，請接受「這樣已是最好」的狀態。

或許，我們的社會將這樣的想法視為「放棄」，但是我認為，這並不是一件壞事。**「放棄」，能夠讓你釐清自己的生活方式**。

無論是金錢，還是生活方式，只要你覺得恰到好處就好。飛黃騰達或平凡無奇，有孩子或沒有孩子的人生哪種比較好，只要和他人比較，就不會有正確答案。

你要試著去接受現狀，了解眼前最需要珍惜的是什麼，然後一點一滴地去實現。

如果用盡了各種方法，怎樣都無法滿足現狀，你必須思考自己能夠改變什麼，再慢慢地嘗試新的做法即可。

老是糾結自己與他人比起來是否幸福，這樣永遠找不到真正的答案。幸福感原本就是虛無飄渺的東西，無法長

只要和他人比較，就不會有正確答案。有時，必須學會接受「這樣已是最好」的狀態。

久維持。

不必想得太多，有喜悅的事，就歡欣享受，遇到不得不做的事，就爽快地想「這也是沒辦法的事」，澹然承擔。人生，不就是這樣嗎？

大多數你覺得「必須如此」的事，不如嘗試以「不必非得這樣」的角度去想，換個方式輕鬆看待。

06

別花心力改變別人，
想想如何讓自己過得更開心、自在

人生不如意事，十常八九。

「如果他可以再多為我這樣做就好了！」

「為什麼他總是這樣呢？」

「他的做法有點不對。」

只要很多人在一起，就會產生許多不平不滿的事。就連當初滿意就任的公司，經過一段時間之後，也會發現令人討厭的地方。最初非常相愛而結婚的兩個人，經過長時間的相處以後，出現了一些彼此都無法忍受的缺點。

我聽了門診病患種種的煩惱與抱怨，不勝枚舉。如果遇到超級討厭或真的合不來的人，就離他們遠遠的，才是最輕鬆自在的做法。

因為過度討厭一個人，而產生痛苦、乃至於瀕臨崩潰的感覺，就該下定決心，毅然決然離開。現在的社會，要辭掉工作不難，離婚也不是什麼稀罕事。

但是，人生不可思議的地方就是，即使到了新環境，或多或少仍舊會出現令人討厭或不合拍的人，只是程度上的差別而已。

時代在改變，公司結構和人也在改變，很多事情並不會如你的預期。就算換了工作或同事，還是會出現讓你看不順眼的事。

結論是，無論你到了哪裡，都是一樣的。**這個世界上，並不存在令人百分之百滿意的環境。**

我認為，最重要的是，你應該想「在目前的環境中，該如何讓自己過得更輕鬆自在？」

不要指望藉由改變別人，你的日子可以因此過得更好一點，而是要想「我要怎麼做，才會輕鬆一點？」，「我這麼做，就可以更自在了！」

雖然不是絕對，但是要改變別人，幾乎是不可能的事。只花些微的力氣，不可能改變一個人的思考和行為模式，必須要有決心和精力花費數年、甚至十數年的時間，徹底關照一個人才可能發生改變。

我自己也從婚姻當中，學到了非常多的事。

我在二十七歲時，與擔任耳鼻喉科醫生的先生結婚。朋友說「他人很好」，所以介紹給我，我們因此結婚。只不過，我先生卻是個糟糕的人（笑）。

他的本性雖然不壞，卻非常愛跑出去喝酒，還很愛請客。家裡的事全然不顧，花光薪水，每天晚上到處請人喝酒，毫無節制，因此完全無法寄望靠他的收入養家。

我不斷要求他改變，但是要改變一個人的個性，談何容易？我甚至提出離婚來威脅他，但是他只會暫時變得稍微規矩一點，不久後，又故態復萌（笑）。

「為什麼都講了重話，還是不改？」「為什麼就是不能

很多事情不會如你的預期，最重要的是，「在目前的環境中，如何讓自己過得更輕鬆自在？」

理解我的難處？」就這樣，我逐漸變得焦慮、暴躁了起來。

同樣的事，不斷上演。最後，我終於發現，要改變先生是很蠢的想法，根本不可能，後來就放棄了。

我開始思考，要如何在不改變先生行為的情況下，營造舒適、和樂的家庭環境？答案就是，我去工作賺錢，負擔家計，決定不再依賴先生的收入。

我有兩個兒子，在他們還小的時候，身為職業婦女的我，難免讓他們感到寂寞。然而，擁有雙親的完整家庭，對孩子來說，應該是最重要的事，因此我全力維持平穩的家庭生活。

至於那日積月累的壓力，我就藉著跟患者一起大說先生的壞話，當作抒壓的方式了（笑）。

病患對於能跟主治醫師盡情說老公的壞話，似乎覺得很開心。基於這個原因，我跟女病患特別能夠建立好感情，簡直就是因禍得福（笑）。

總之，**要改變他人的個性或行為，簡直比登天還難。與其花心思在這件事上，倒不如思考要如何做、該怎麼安排，才能夠讓自己的日常生活輕鬆一點。**只要這樣考慮自己的負擔，是比較有效率的方法。

我和不合拍的人，都保持君子之交淡如水的態度，井水不犯河水。若是遇到談話愉快、合拍的人，就與他們親近往來。

不管在哪種環境、哪家醫院工作，我都是維持這項原則。對於不合拍或是討厭的人，我盡量不去在意他們。對於相處愉快、意氣相投的人，自然就會把時間和注意力放在他們身上；如此一來，無論身在何處，都可以隨遇而安地過日。

07

感情是一種執著，
即使是家人，也要維持分際

將自己的想法強加於人，
只會製造彼此的痛苦

我十六歲到大阪後，就一直工作到現在，沒有再回到尾道市。

經常有人問我：「妳不寂寞嗎？」「妳不會感到不安嗎？」「妳怎麼可以這麼堅強？」

老實說，我對生活也曾感到寂寞和不安，但我只能繼續走下去，不是因為我特別堅強。

遇到討厭的事，我當然也會煩躁，因此說了不少抱怨的話（笑）。我不會一直陷在不安和寂寞的原因，可能是我認為「人生的路，始終都是一個人走」吧！

很多人為了人際關係煩惱不已，有件事情絕對不能忘記，那就是，人無論到了哪裡，始終都是一人獨行。

就算是關係親密的家人也是一樣，每個人都擁有個別意志，是獨立的個體，自然無法一直陪伴著我們。

希求身邊永遠有「同伴」、「朋友」相隨，或是煩惱在育兒路上，找不到「志同道合」的媽媽好友們，職場上沒有「交情好」的同事等，對自己沒有好處。

如果能夠交到好朋友、好同事，當然很棒。好朋友就像「心靈綠洲」，能夠擁有可以傾聽煩惱的朋友，遇到各種困難或不如意時，心情也比較容易平復。

儘管如此，請不要期待你的好朋友，能夠永遠幫助你。人與人之間，總是要保留一點美好的距離和界線，人際關係原本就變化莫測。

人都是因緣相聚或分離，人總會往對自己有利的方向靠攏，受到時間、距離的阻隔，過了一段時間之後，緣分慢慢淡了，這是很自然的事。你必須理解，人與人之間的關係，就是這麼一回事。

那麼，伴侶是否能夠理解自己，總是把自己放在心上呢？這應該是蜜月期才可能發生的事吧（笑）！

人各有志，每個人都有自己的處境要面對，有自己的人生要過，人際關係不可能恆久不變。

就算是血濃於水的親子或感情很好的手足，也不可能一直關照著自己，這是人之常情。

幼年時萬般呵護的孩子，長大成人、各自獨立之後，也有自己的人生要過。這是為人父母應盡的責任，孩子應盡的責任，人類恆久的生存之道。

因此，沒有必要為他人的行為不符合自己的期待，而感到失落，甚至悲傷。

感情在乍看之下，很美好，但是換個角度來看，又何嘗不是一種出於任性、自私的執著？

彼此束縛、依存的關係，並不健康，也違反自然。時間一久，彼此都會感到疲累不堪。

如果有人關照自己，就誠摯地表示感謝，為自己能夠

人生的路，始終都是一個人走。人因緣相聚或分離，有時緣分淡了，也是很自然的事。

得到他人的關愛而歡喜。如果某天他人要離自己而去，就乾脆讓他走吧。

「對於來者心懷感謝，對於去者不再追求」，保持這樣的領悟，對彼此都是最輕鬆自在的方式，不是嗎？

當然，我不是要大家不信任別人，也不是要大家別交朋友，過著孤獨的生活。

想與人親近，就去親近；想和朋友保持聯繫，就去聯絡。對於別人說的話，想聽就聽；對於想相信的事，就放寬心去相信。

只要記得一件事，人終究是獨立的個體，每個人都過著不同的人生。

一旦認清我們最終是獨自一人，就不會對他人抱著不必要的執著。

有了這樣的領悟之後，你會不可思議地發現，整個人的身心都變得自在了。不再被多餘的煩惱束縛，不再恐懼，可以隨心所欲真正做自己。

如此一來，對於想要結交的朋友，都能夠輕鬆交往，建立健全的人際關係。

如果你對某個人感到非常憤怒，或是因為一些事，心裡感到莫名的寂寞和悲傷，不妨試著想想這些人際關係的道理。

08

不要認為別人的付出理所當然，
要對他人的給予心存感謝，
同時不要有更多奢望

一直以來，我都是受雇醫師，跟大多數的人一樣，是在有同事、上司和部屬的職場環境中工作。

曾經有人問我：「您也有職場人際關係的煩惱嗎？」在我的印象中，好像沒有遇過特別困擾我的事。

如果要問「我有什麼祕訣？」，我也說不大清楚，但基本上，應該是不要對他人擁有過多的奢望。

簡單來說，就是不要期待別人一定能夠為自己做什麼，或是幫助自己。

無論在職場還是家庭，若是抱持著「對他人的給予心存感謝」的態度，在我的印象中，從來不會在人際關係上，發生很大的困擾。

我在門診看診，或是和同事聊天時，經常聽到「上司都不指導我」、「同事都不支援我」、「老公都不幫忙做家事」等，這類抱怨別人「袖手旁觀」的話。

不要期待別人「一定能夠」為自己做什麼，或是幫助自己。要對他人的給予心存感謝。

反過來想想，如果有人不斷地請求幫忙，相信你我都會心生厭煩。要是對方還擺出一副「你幫我，是理所當然」的態度，就會更讓人心生不快。

這個道理，在上司和部屬之間，也是一樣的。或許有人會覺得「部屬就應該這麼做」、「上司要有上司的樣子」，但是在討論職位與職責之前，我們都是有血有肉的人，在現今愈來愈強調尊重人性的時代，更要注意這點。

一旦認為別人為自己做的事理所當然，就會忘記感恩。「這麼一點小事，你應該幫我處理」的心態，正是人際關係不如意的一大主因。

如果不將他人為自己做的事情視為理所當然，就會對任何事情都心存感激。

別人幫自己，不是天經地義的事，事情也絕非都能順理成章地如自己所說、所想的實現。如果能用「凡事並非理所當然」的態度與人交往，就不會產生不必要的失落感與煩惱。

09

顧及對方的立場，
這樣對方才能顧及你的立場

「不對人心存奢望」，是人際關係的重要原則，但是在職場或家裡，總是會有必須請人幫忙的時候，我當然時常遇到這種情況。

身為醫師，我必須對醫護人員、社工或行政人員下達指示，有很多不得不交代他人去辦的事。

遇到這種情況，我都是這樣拜託別人的——

「在這麼忙的時候打擾你，真是不好意思。你現在有時間嗎？」

首先，我會很客氣地詢問對方，當下是否方便。如果對方看起來有空聽我說，我才會繼續。

「那位患者，我想應該要……比較好，可以麻煩你嗎？」

「我想，這邊應該要再……可能比較好，你覺得呢？」

大致上，我都是用這種方式拜託他人。

不對人心存奢望，必須請人幫忙時，客氣詢問對方。想要別人尊重自己，就要先尊重別人。

我常常會用「能夠麻煩你幫我……嗎？」、「你覺得如何？」這類方式，詢問對方的想法與意見，再一起思考如何處理。

年齡差距或頭銜，都無關緊要。人心就是這樣，看似難懂，卻又十分單純。

以往，很多醫師都高高在上，指揮人員做東做西。我不管到了幾歲，都很討厭對別人頤指氣使。

醫療現場仰賴團隊合作，只有醫生一人，是做不成事的。這個道理，無論在哪種職場都適用。工作的人心情愉快了，效率才會提高，不是嗎？如此一來，就可以避免加班了。

那麼，要如何創造自在的人際關係呢？首先，盡量不要對他人懷有不滿的情緒。

當不滿的情緒不斷累積，一不小心，就會表現在臉上或態度上。日積月累，你就會開始討厭對方。

要怎麼做，才能夠不對他人感到不滿呢？

我在前文提過，祕訣就是不要對他人擁有更多奢望。「如果是這個人的話……（會幫我吧？）」，「在這間公司的話……（會更好做事吧？）」諸如此類的猜測，都是自己的依賴心和幻想在作祟，最好從一開始，就不要有過多的期待。

對他人不抱期待和奢望，自己才會設法尋求解方。找到方法，就放手去做。

建立正確的心態，就能和對方保持「適當」的距離，職場環境變好，效率自然提升。

想要別人尊重自己，你就要先尊重別人。這個道理雖然簡單，卻非常重要。

10

機會只發生於偶然，
如果有人推你一把，不妨順勢而為

每個人的一生，都會出現幾次重大的轉折，也就是大家常說的「轉機」，或是「人生交叉口」。

我的人生，也經歷過幾次重大的轉折。二戰剛結束時，我在大阪準備國家考試。成為醫生之前，要先在醫院無休值勤一年（就是現在的「實習」）。然而，當我終於通過考試取得醫師資格，卻找不到工作。

那個年代的醫院本來就很少，即使能夠順利就職，幾年拿不到薪水，也是家常便飯。但沒錢，就沒辦法生活。

當我正在煩惱該怎麼辦時，剛好我學生時期在電影院販賣部打工賣冰淇淋的老闆，對我說：「我弟弟在開診所，要不要幫妳介紹一下？」

於是，我住進了那位醫生的家。他家裡有醫師娘和兩名幼兒，雖然包吃包住，但是我要幫忙帶孩子、打掃、洗衣服，幾乎什麼都要包辦。

我就像學徒那樣，工作了將近兩年。某天，我在大阪的街上閒晃時，突然遇見了實習時期的醫生朋友。

他說：「奈良縣立醫大的精神科，缺一名助理，妳要來嗎？」

所謂「天上掉下來的禮物」，大概就是這麼一回事吧！

當時，我正好每週會有一、兩天，要到大阪市立大學的內科見習，專門負責照顧結核病末期的患者。

面對瀕死的病人，我時常有「幫不上忙」、「無能為力」的想法，這也讓我開始想要多研究一下人的心理。

所以，聽到朋友的邀約，我馬上就回覆：「我要去。」

就這樣，我成為了一名精神科醫師。

像這種環境的轉變，你要視為「機會」，還是覺得「恐懼」，每個人的看法都不一樣。我認為，沒有正確答案。

依照我的經驗，當人生好的轉變來臨時，不可思議的是，周圍的人大都會在背後推你一把。

我對寄宿工作的醫生提出：「因為種種原因，可以允許我辭職嗎？」醫生爽快地鼓勵我：「剛好我的弟弟要回來當醫生，妳放心離開，沒關係。妳還很年輕，與其在診所當助理，應該在醫大多學習、成長才對。」

當然，有時你可能會遇到反對或阻止你的人，但我相信，總會有一些能夠信任的人，可以幫你一把。

當人生的轉折時機來臨時，與其糾結於衡量利弊得失，不妨勇敢順勢而為。

過於計算利弊得失，總會覺得哪裡有損失，心裡頭會產生疙瘩，倒不如順從自己的心意行動。

你覺得莫名的心動嗎？

你想要毫不考慮利弊得失，隨著內心的聲音採取行動嗎？像這樣問自己，如果答案是肯定的，就去做吧。

當機會來臨時，與其糾結於衡量利弊得失，不妨勇敢順勢而為。

順其自然，新的轉機自然就會出現。我發現，不管到了幾歲，都是這樣。

不管何時，給我們機會的，都是在我們生命中出現的某個人。

Episode 2

在時代的洪流中，走上從醫之路

中村恒子進入大阪府枚方市牧野村的大阪女子醫專就讀之後，開始了住宿生活。兩個月之後，二戰結束。

戰爭末期，糧食嚴重短缺，加上美國駐軍的主導，使得日本的教育體系陡然改變，原本四年就能夠當上醫生，變成需要五年才行。此外，畢業後還必須無薪實習一年，如果沒有通過國家的醫師考試，就無法取得醫師資格。從醫之路，看來有許多難關必須克服。

「這跟原先講的不一樣啊！」許多醫專同學紛紛打退堂鼓，回到家鄉，另謀出路。

「家境寬裕的同學，想到要這麼大費周章，才能夠當

二十歲後半的中村恒子

上醫生，也都叫苦放棄。但是，我如果放棄回老家，家人不會接納我，加上沒錢，只得硬著頭皮繼續念下去了！」

當時，中村恒子想著「我已經沒有退路了」，只好以無路可退的決心，咬牙堅持下去。一九五〇年（昭和二十五年）三月，中村恒子終於從大阪女子醫科大學（舊稱「大阪女子醫專」）畢業了。

雖然好不容易畢業了，仍有一年的實習生活，正在前方等著她。

當時，學校以「我們無法為所有學生安排實習，成績好的同學，請自己去找實習的地方」為由，迫使中村恒子自尋出路。

後來，中村恒子考上了大阪日赤醫院的實習工作，但她的考驗還沒結束。

「那個時候真的很慘，什麼保障都沒有，被醫院任意差遣，還得一邊準備國家的醫師考試。從早到晚，我都待在醫院，餓了就吃十圓日幣一碗的烏龍麵，忙得團團轉，還得用功念書。我可是拚盡全力（笑）。」

實習期間，幾個學校的畢業生會聚在一起，組成夜間讀書會，一起準備國家考試，彼此勉勵、互相打氣。

中村恒子在那段期間，與結識的年輕內科醫師，談了一段純純的初戀。

「那個人在家鄉的父母已經為他訂了親，我很清楚，我們不可能結婚。我們只能將彼此的愛意藏在心底。我們只約會過三次，兩個人在大阪的街道上閒逛。那是一段淡淡的初戀，在戰爭時期，一生只有一次也好，我只想在遭遇空襲死掉以前，談一場美好的戀愛。這樣，我就很滿足了。」

經過這段有點苦澀的小戀情，中村恒子的實習生涯，也告一段落。一九五一年（昭和二十六年），她終於熬出頭，成為了醫生。

不過，考驗卻還沒有結束。就算她已經拿到醫師資格，卻找不到給薪工作。

當時，醫學部畢業的人，大都先進入大學醫局❶無薪工作數年，待有給職空出來，才遞補進去，這種情況很平常。家庭富裕的畢業生可以撐得下去，但中村恒子沒辦法。

此時，出現了為她牽線的人，就是之前提到，她在學生時期打工的老闆。他把中村恒子介紹給開診所的弟弟，她就這樣住進了那位醫生的家中，做著如學徒般的工作。

❶ 醫局是日本獨有的制度，以一所大學的臨床醫學教研室為核心，領導者為該教研室的教授。

中村恒子不但一手包辦那位醫生家中的大小事，還要協助院長看診，兼顧配藥、出診隨行等工作，忙得天昏地暗。

在那段期間，她每週還空出一到兩天的時間，前往大阪市立大學繼續學習。

當時的中村恒子，負責照顧結核病末期的病人。治療結核病的技術，在當時還未臻成熟，藥物非常昂貴，一般醫院大多用不起。

醫院只好透過手術，在病患胸腔置入類似乒乓球的填充物，藉此減緩病情。但是，結核病末期的病人，往往因為呼吸困難而喘息不止，只能悲慘地躺著等死。

照顧結核病末期患者的中村恒子，在診療時往往陷入「我該怎麼照顧這些只能等死的病人？」、「我怎麼會這麼沒用！」的無力感中。

後來某天，中村恒子在街上與實習時期的同學不期而

中村恒子在診所當學徒時期，與友人的合照（右）

遇。聊到近況時，他提到：「奈良醫大的精神科，缺一名助理，妳要不要去試試看？薪水有七千日圓左右（相當於當時國家公務員的初任薪資），工作也穩定，還可以在醫大多學習喔！」

她聽到這番話，毫不遲疑地回答：「真的嗎？我要去！」

「好！就這麼決定！因為妳是很認真的人，我很放心。我馬上就去跟教授提，妳等等喔！」

後續的事情進行得很順利，中村恒子開始在奈良縣立醫科大學的精神醫學教室擔任助理。她的精神科醫師生涯，就此展開。

（EP 3待續）

第3章

人際關係的微妙之處

11

你可以對誰毫無保留地袒露自己的缺點？這是生活充滿元氣的最佳訣竅

我原本每週上六天班，八十八歲之後，便停掉了兩天門診，改為每週上四天班。

我經常這樣想：到了這把歲數，還能夠繼續工作嗎？但是要退休，還挺不容易的。

我跟理事長拜託：「也差不多該讓我退休了吧！」，但總被要求「再做一陣子，再做一陣子」，結果就一直工作到了今天（笑）。

話說回來，工作多年，的確會出現一些有趣的事。我有很多持續看診超過二十年的病患，我們之間已經不是醫師和病患的關係，比較像是共同走過漫長人生歲月的夥伴。

我的病人們會說：「我已經習慣一個月來看醫生一次」，或是「很期待和醫生分享不能夠跟別人發的牢騷。」所以，我還真的沒辦法退休（笑）。

但是這一切，並不是因為我有特殊的醫療技術，或是心理諮商技巧，我只是樂於當大家的忠實聽眾而已。

「實在很不容易啊！我也跟妳一樣，我們都不容易。」

我會和病患一起高昂地談論自己的丈夫，鼓勵他們「在我這裡盡情抱怨」，發洩心裡積壓的不滿。我會當病患的同伴，和他們一起思考如何解決問題。

簡單來說，我在看診時所做的，大概就是和病患一起想出過得更寬心的方法。

這些事情看似微不足道，但是會前來看診的人，就是沒有對象能夠安心傾訴痛苦或煩惱。

我幫助病患把積壓在內心的那些日常瑣碎小事，拿出來說說笑笑。只是這樣，往往就能夠讓他們的心靈得到救贖。

想要貼近一個人的心，就是試著站在他的立場，傾聽他說話。

就算無法從談話中獲得有用的建議，或是醍醐灌頂般的妙見，只要對方能夠站在我們的立場，聆聽我們說話，就有助於減輕心裡的負擔。

不過，雖然是站在對方的立場，並不代表要同情對方。「唉！是這樣啊」、「你辛苦了」，只要耐心傾聽對方說話就好。

如果投入太多個人情緒，就會出問題。我建議，最好是保持適當的距離，真心與對方一起感慨彼此的「難處」就好。

無論是依靠藥物或他人建議，都無法百分之百消除內心的煩惱。問題的解答，只能靠自己花費很長的時間，一點一滴辛苦地尋找。

不過，在尋找答案的過程中，若是只能夠一個人面對，真的十分辛苦。如果你周遭有正陷入煩惱、意志消沉

聆聽，往往就能幫助對方減輕心理負擔。不必投入太多個人情緒，一起感慨「難處」就好。

的朋友，請聆聽他們的心聲吧！

能夠一起盡情互訴牢騷，也是很不錯的事。很多人會因為「我很辛苦，你也很不容易啊！」這句話，就得到救贖。

有一件事必須謹守，聽了他人的煩惱之後，絕對要保守祕密。不能夠背叛對方的信任，這是身為人應有的道義。

擁有能夠安心互訴牢騷、互示弱點的關係，是非常重要的。如果保有能夠安心揭露自己弱點的良好人際關係，就能夠神采奕奕地生活下去。

12

凡事不要太計較，把一些小事攬來做，你的周遭將會出現小小的善循環

自己開心工作，別人也能夠開心工作，讓自己成為「樂於助人」的人，這件事也很重要。

可能是因為我很好說話，醫院和診所至今仍然時常拜託我救火。

我不是刻意要討好他人，對於別人的請求，只要我能力可及，就會爽快答應。要是沒辦法幫忙的事，我就會鄭重地說「對不起」，回絕對方。

這樣的處世態度，首先就是抱持著「願意承擔」的精神。不管在哪種職場，都會有「誰都能做的小雜事」，或是「填寫文件」之類的繁瑣工作。

在我工作的地方也是一樣，辦公室的人有時也會因為事情緊急，拜託我填寫由其他醫師負責的病患資料。我到病房看診時，護理師有時也會拜託我順便看一下隔壁床的病患。

人生在世，需要相互扶持。好施小惠，對方產生好感，彼此的關係也會變好。

可以的話，我都會盡量幫忙，當場回答：「喔，好啊！交給我。」

也曾經發生過我不是主治醫師，家屬卻拜託我幫忙照顧病人的情況。

我想，誰都會遇上被人請求協助的時候，在這種時刻，不要用「這不是我的工作」這種不悅的態度回絕，若時間、能力許可的話，爽快答應也無妨。

不要吝於付出微小的善意，不妨多為他人做一點事。如果對方產生好感，彼此的關係也會變好。當你需要別人幫忙的時候，對方才可能大方給予協助，這就是經營人際關係的方法。

要是遇上你真的很忙的時候，你可以直接說：「不好意思，現在真的不方便。」等到你有空的時候，再主動詢問：「有什麼需要我幫忙的，就說一聲喔！」

主動釋出善意，有助於打造良好的職場環境和人際關係。或許，這就是我到了這把年紀，還承蒙大家器重的最大原因吧！

別忘了，人生在世，都需要相互扶持。如果你願意幫助他人，我相信，你跟人有關的問題或煩惱，就會減少很多。

13

與人發生爭執，先道歉為上策，
愈是堅持己見，只會愈站不住腳

每個人在工作上，都難免與人發生摩擦。我和團隊裡的護理師與助理，也曾發生過「這件事無論如何都得講」，「這件事情不能置之不理，必須好好講清楚，否則會出大事」等的爭執場面。

每當遇到「我想跟你談一下，可以挪點時間出來嗎？」這樣的場合，我會先用溫和的態度與當事者溝通，當然偶爾還是會出現意見分歧的時候，不要說是雙方意見不同，也有鬧到水火不容的情況發生過。

遇到意見相左的時候，可以試著用折中的方式處理，例如——

「原來你是這麼想的，我的看法有點不同，能夠請你配合一下嗎？」

「我退一步，其他的部分，我來配合你。」

盡量避免讓事情僵化，設法讓彼此各退一步，一起努

發生摩擦時，盡量避免讓事情僵化，設法讓彼此各退一步，找到妥協的平衡點。

力找到妥協的平衡點。

當然，一定也免不了經常發生彼此的意見沒有交集，無法順利解決事情的情況。

當我發現對方無法接受我的意見，開始動氣或不悅，最後在不愉快的氣氛下結束談話，隔天我會主動找對方道歉。

「昨天，真是對不起。我可能講得有點過分了。」

「如果讓你感到不舒服，我向你道歉，原諒我吧！」

我會主動、大方地表示歉意。

通常，當我先低頭讓步，對方也會跟著退一步。

「哪裡哪裡，昨天的事，我也很不好意思。」

「後來，我也好好想過了。您的話，我可以理解。」

在我主動道歉之後，對方的情緒大都緩和不少。因此，當我察覺「我好像講得有點過分了」、「我好像惹對方生氣了」，即使對方是年輕的工作人員或病患，我都會馬上道歉。可能也是因為這樣，我在職場上，從來不曾與同事鬧彆扭。

我是個貧窮的鄉下人，又是在二戰之後趁亂當上醫生，所以沒什麼優越感（笑）。

反觀那些不輕言道歉的人，是不是太過好強了呢？

他們可能心想——

「要我先低頭，有失身分呀！」

「先道歉的話，可能會被看輕。」

「為什麼我得跟年紀比較小的傢伙低頭？」

像這種無意義的自尊心，應該盡可能捨棄，才不會背負太多無謂的包袱。

舉例來說，我的大兒子夫婦倆就住在隔壁，我一樣能夠毫無心理負擔地對媳婦道歉。

只要發生一點衝突，我都能夠主動說出「之前那樣，真是對不起呀！」，「不好意思呢。」值得慶幸的是，我和媳婦之間，沒有婆媳不合的問題。

年歲漸長，年輕人和晚輩表面上都會盡量配合我，但是我真的不該倚老賣老，沾沾自喜。

總之，請捨棄「我很偉大」這種自大的想法。如此一來，你不但能夠獲得解脫，周圍的人也不會因為你的存在而倍感壓力。

如果不抱持著「自以為是」的自負想法，就可以毫無負擔地對年輕人說：「教我一下好嗎？」，「幫我一下吧！」，真是好處多多（笑）。

我會用手機收發郵件，看診時也會用電腦慢吞吞地打病歷，這些都是請年輕後輩教我，才慢慢學會的。

直到現在，只要我遇到不懂的事，就會主動說：「誠歹勢，這裡要怎麼做才好？」，請別人教我。

「哎呀！原來是這樣啊。真是比不上年輕人呢。」

「你幫了大忙，謝謝。下次再教我喔！」

我很常請教年紀比我小的醫師或護理師，每當我有禮貌地道謝，他們就會很開心，下次也願意再幫我。

或許，在別人的眼裡，我就是一個需要被多加照顧的老人家。但是，我還是能夠在年輕人的幫助之下，心懷感謝地繼續工作下去。

14

交友只須考慮氣味是否相投，
如果一味衡量利弊得失，
下場只有被利用或孤獨而已

我發現，人只要有「認真過好每一天」的想法，就不會受到過多無謂的思緒所擾。

所謂「過多無謂的思緒」，就是「想要變得更了不起」、「想要獲得更多認同」、「想要變得更有錢」之類，想要得到「更多、更多」的欲求。

從醫至今，我沒有多大的成就，但這也沒有什麼不好。我反而很慶幸自己沒有太多欲望，才得以結交到一些心地善良的朋友。

人一旦欲求過多，就很容易考量利弊得失來評估交友。用這種心態來結交朋友，就不是出於「合不合得來」、「喜不喜歡」的率真心情，容易流於「這個人對我有幫助」、「與他結交對我有利」這樣的角度來衡量別人。這種交友心態，很容易產生一些不好的後果。

一味考量與人交往的利弊得失，就會去逢迎別人，講

每個人一生追求的東西都不一樣，把握「認真過好每一天」的原則。

一些言不由衷的奉承話。經常違背自己的意願，刻意迎合他人，是很辛苦的！有些人會為了自己的利益或成就，毫不在乎地欺騙別人，甚至傷害別人。

這樣的人生，只會愈活愈孤獨。然後，因為內心寂寞，會更執著於金錢或名利。我覺得，這樣的人，活得太辛苦了。

每個人一生追求的東西都不一樣，我一生致力於結交心地善良的朋友。

只要覺得「這個人很不錯！」，我就會熱情地與他交友。因此，在我的朋友圈中，有同輩的醫師和護理師，也有年紀比我小的同僚，以及在孩子還小時就結識的媽媽朋友們，或是住在附近的太太等，各種階層都有。

雖然我認為人際關係變化莫測，但我有幸結識了很多善良、有趣的人。和這些好朋友的緣分，就是我的人生至寶。

15

是否與對方繼續來往，別急著決定，只要改變心理距離，自然可以相處下去

生活中，總免不了一些不如意的事。

與人交往，無可避免會發生別人傷害你的事，或是說出傷害你的話。因此，我們要學習改變「接收」的方式。

當別人沒來由說了不好聽的話來刺傷你時，就想著：「他家裡可能發生什麼事了」，如此輕輕看待就好。

「我哪裡做得不好？」

「為什麼他要這樣講我？」

凡事往心裡去，別人的話全盤接受，只會讓自己感到痛苦，根本就是自討苦吃。

當然，有些時候，可能是自己有錯。如果能夠自省「我確實有錯」，並且改過就好。

若是在冷靜思考以後，覺得「我又沒錯，他為什麼要這麼說？」，就沒必要把對方的話一直放在心上。

「他應該是存心刁難的吧！」

「我掃到颱風尾了！」

「其實，他也是個可憐人！」

面對對方的惡意，用這樣的方式看待就好。

一個人在批評別人，或是對別人發怒的時候，大都是出於自私任性。

當然有「出於好意」的批評，但是聽的人，馬上就能夠察覺到對方的立意是否良善。

如果對方讓你感覺不舒服、甚至受傷，就想著「原來，他是這樣的人」，從此和他保持距離就好。

與人交往過於嚴肅，或是一味想要討人歡心，過分強求結果，反而會讓彼此的關係變得尷尬。

「這個人也是可憐，與他維持點頭之交的關係就好」，不妨試著與對方保持一些心理距離。具體而言，就是「互動時，不要投入太多感情。」

你沒有必要在意周遭人的臉色，適當地「做做樣子」，也是一種生活智慧。只是，要做到「做做樣子」，也不是件容易的事。

我最近發現，很多人在遇到厭惡的事情時，會想要馬上找到答案。無論是心理治療或在精神科門診，向醫師求助「我該怎麼做？」、急著得出結論的病人，愈來愈多。

只不過，除了考試，在日常生活與人際關係上，難道會有一體適用的標準答案嗎？

如果是和疾病或生死相關的問題，那就另當別論了。否則，人生的各種選擇，最終還是得靠自己來決定。

有趣的是，無論是面對家庭問題，或是職場關係遇到困難，上門求診的人雖然好像是來尋求問題解方，但其實他們只是來聽「自己想要聽到的答案」而已。

很多人都抱持「黑白分明」、「喜歡就往來，討厭就分

與人交往，無可避免會發生傷害。有時，適當地「做做樣子」，也是一種生活智慧。

開」的態度。無論面對任何事情，他們很容易走向極端，只想聽到支持自己做法的建議。

我認為，即使不選擇極端的做法，事情也應當能夠順利解決。

記得提醒自己，人生本來就沒有「完美」的人際關係，可以的話，三不五時對交心的朋友說說心裡話、吐吐苦水就好。

如果你無論如何都忍受不了某個人，當然是離他愈遠愈好。

16

人生難計算，生活不必鉅細靡遺規劃，「忠於本心」最重要

你覺得，是什麼左右了人的命運？

我想，是人與人之間的緣分。

某個人會在無意間，突然出現在你的生命中，尤其是那些讓人生發生重大轉變的事件，都是在無意中降臨的。

我之所以成為精神科醫師，就像先前所說的，是好幾個偶然的結果。

由於不知道該怎麼照護結核病末期患者的心情，當我正感到煩惱之際，偶然遇見實習時期的同學，把我介紹到醫大的精神科工作。

在那裡，我遇見了恩師金子醫師。他是一位優秀、人品高尚，又溫暖的人。

「只要活在世上一天，妳就要做個能夠撫慰他人、富有包容力的人。妳要成為能夠讓人自然打開心房，對妳傾訴煩惱的精神科醫師。」

金子醫師教了我很多事情，但是總結來說，就是這兩句話。

金子醫師除了工作能力強、專業知識佳，人品也很好。他真的是我的人生導師。

因為金子醫師，我決定選擇精神科。現在回想起來，宛如奇蹟。如果人生能夠重來一次，我還會成為現在的自己嗎？一定不會吧！

人在每個時機，想做什麼，或者計畫什麼，絕對不可能都如預期般實現。這就是人生，人生難計算。

與人交往無須計算利弊得失，也是出於這個道理。不想交往的人，就不用勉強自己刻意交好。如果遇到不得不往來的時候，保持淡如水的距離就好。

當然，我不是要否定人為的努力。下定決心「我要這麼做」，為目標努力，是非常重要且必要的態度。

但是，如果把計畫視為「非實現不可」的事，就會變成一種執念。我執太深，你就會愈來愈頑固、偏執，逐漸喪失待人處事的彈性。

喪失了待人處事的彈性，只會徒增自己的痛苦。當你出現「為什麼我這麼努力，卻得不到回報？」的想法，就會開始嚴苛地對待別人。

如此一來，往往會發生一些令人遺憾的事，你可能會錯過原本可以相遇的人，或是斷了原本可以擁有的良緣。人，絕對不能夠欺騙自己的心。如果迷失自我，背了太多不必要的負擔，原本應該順利進行的事，也會變得不盡如人意了。

懂得聆聽別人的意見很重要，但是被人牽著鼻子走，卻是另一回事。

與人結緣，要如何經營這段關係，不用問別人，最終

人生難計算，凡事不可能都如預期般實現。為目標努力很重要，但待人處事不能喪失彈性。

還是看你自己想要怎麼做。
「忠於本心」，才是最重要的。

Episode 3 選擇精神科為終生志業的原因

一九五三年（昭和二十八年）四月，中村恒子進入奈良縣立醫科大學擔任精神科醫師的助理。

一開始，她還輕鬆想說：「不管將來我要去哪一科，先學學人的心理也不壞。」她回憶道：「那個時候，專攻精神科的女醫師，會被當成異類中的異類。」

當年，對精神病患存有嚴重偏見，精神病院幾乎都被戰火摧毀殆盡，全日本的精神病床非常少，只剩四千床位而已。

因此，病況嚴重到發出怪聲，出現暴力行為，四處遊走的精神病患們，只得被監禁在自家設置的「座敷牢」（私宅監置制度）。

「座敷牢」，指的是在住家內部的儲藏室或倉庫，設置大約一到兩塊榻榻米大小、裝有柵欄的空間，也就是「牢房」。

在那個年代，很多精神病患每天待在沒有日照、衛生不良的環境裡，只有最基本的食物，遭受非常不人道的對待。

昭和二十八年，後來精神病床雖然增加到三萬床位，但是必須住院就醫的患者，卻多達三十五萬人。大多數的精神病患，仍被關在家裡的「座敷牢」。

當時精神科醫師的工作，也包含找出被關在惡劣「座敷牢」環境的精神病患，協助他們住院。

中村恒子回憶道：

「從『座敷牢』接出病患時，通常都有男性工作人員隨行，完全沒有危險。遇到情緒激動的病患時，警察也會到場協助。

成為精神科醫師的中村恒子

長期被關在『座敷牢』的病患都很虛弱，一接觸到久違的戶外空氣，看起來都很高興。病患住院之後，我們會幫他們洗髮、沐浴、換衣服，讓他們乾乾淨淨的，這是首先要幫他們做的事。」

正因如此，精神科醫師才會被視為異類。那麼，中村恒子為什麼願意繼續做這麼「糟糕」的工作呢？

因為她遇到了指導她的教授——金子仁郎。

金子醫師不只是以上司身分指導中村恒子，還為無法依靠老家的她介紹住處。他被形容為「不曾粗聲說話，心胸寬闊，人品高尚」，完全是一位「穩重、知性的紳士」。

金子醫師經常對醫局裡的醫生說：「精神科的工作不是治好患者，我們是從旁協助，讓患者自己痊癒。」

「精神科醫師只是負責給予建議，幫忙引導方向而已。不要認為是我們治好了患者，而是要讓患者鼓勵自己『變好了，真棒啊！』，『我真的很努力！』即使患者痊癒了，也絕對不誇耀是我們的功勞。」

中村恒子在金子醫師的麾下待了三年，受到他的教誨和感召，堅定了終生以精神科為志業的方向。

（EP 4 待續）

第4章

如何使內心恢復平靜？

17

擔心以後的事也無濟於事，
你是否疏忽了眼前事物？
只要專注於當下就好

人為什麼會感到不安？在絕大多數的情況下，都是因為太過煩惱未來所致。

對於未知的未來，光是想著「未來會變成怎樣？」，「會發生不好的事情嗎？」，「失敗了，該怎麼辦？」，結果不安到睡不著覺。

我真心認為，過度在意以後的事也沒有用，畢竟誰也無法預知未來。

經歷過二戰和戰後的混亂，我完全想像不到，日本竟會迎來如此繁盛的時代，也沒有想過，我竟然會一直工作到這把年紀。

誰能夠預料到自己日後的發展？

當然，也有很多事物是不會改變的。無論哪一天，一定都會有白天、黑夜，肚子餓了就得吃東西，不論時代如何改變，都不會影響這些日常。

過度在意以後的事也沒有用，不要因為煩惱忽略了眼前的事物，把握「當下」最重要。

不管你如何在意未來的事，事情往往不會如你所願，只要思考今天該怎麼好好過就好了。

人只要活著，自然就會一直遇到各式各樣的問題。我的人生哲學一向是「晚上就好好睡覺，事情等到天亮了以後再來想就好了」，然後就呼呼大睡。

隔天早上醒來，心情就會變得不一樣，有時想法也會不同。上班之後，可能也會發現情況已經有所改變。

以我家的情況為例，我先生很愛喝酒，孩子體弱多病，要煩惱的事情，可真是多得數不清。

即便如此，**只要能夠好好吃飯、好好睡覺，好好地生活下去，絕大多數的事情都能夠迎刃而解**。

不要因為煩惱忽略了眼前的事物，無論如何，「當下」才是最重要的。

工作、孩子、家庭，人生在世，眼前要做的事很多，先把當下的事情處理好，再來擔心其他的。

我發現，只要開始著手處理眼前的事，這裡做一點、那裡做一點，許多煩惱就會不可思議地消失。

說句不中聽的，人一旦閒下來，就會開始東想西想一些有的沒的，純粹杞人憂天。

要是你覺得煩到快爆炸了，請先放下各種雜慮，處理眼前最要緊的事吧！

18

辛苦的經歷，往往成為最寶貴的經驗

所有的付出，都是有意義的

人生遭遇困難是很正常的，有些問題可以自己設法解決，有些根本就令人束手無策。

對於自己無能為力的事情，要如何才能取得內心平衡呢？

對我而言，最感到無能為力的事，莫過於戰爭和家庭環境。

孩子出生之後，我短暫當過家庭主婦，每天雖然都為了照顧小孩和家事忙得團團轉，卻頗有心得，曾經想過：「就這樣完全待在家裡，也挺好的。」

只不過，世事難料，工作機會卻在此時突然降臨。住在廣島的父母來到家中對我說：「我們幫妳帶孩子，妳去工作吧！」結果，我就這樣莫名其妙被推回工作崗位上。

重返職場以後，忙碌的程度超乎想像，變得沒有時間

人生難免遭遇痛苦，凡事都有兩面。所有的經歷都是有意義的，堅持下去！

照顧家裡。不知不覺中，家務完全由我的父母包辦。

我先生不滿的情緒日益高漲，逐漸深夜不歸，但我的工作卻持續增加。況且，為了生活，我必須賺錢。

我的時間都投入於工作，原本想要好好在家養育小孩的我，卻變成沒有時間照顧孩子。

我周遭的事情都亂了節奏，卻不能放手不管，一走了之。現在，回想起來，那段日子真的過得很辛苦！

不過，我們千萬不能小看自己，不管身陷何種環境，人都有能力咬牙接受「這就是我現在的生活」，設法讓自己適應。

凡事都有兩面，就像鍛鍊肌肉一樣，在面對痛苦經驗的同時，也會茁壯人的心志。

之後若是又遭遇到痛苦的經歷，就當作學習，用新的角度看待就好。人，本來就可以很頑強的。

你可能會因為一些事情變得一無所有，但是換個角度想，就當成新的起跑點好了。

也許，事過境遷，有一天你會想「我之前為什麼那麼煩惱？」，「我好像變強了！」，像不死鳥般重生。屆時，面對漫漫人生路，你一定可以輕鬆度過更多險阻。

人生大多數的事，都能夠船到橋頭自然直。老實說，很多事我們真的也只能順其自然了（笑）。

人生難免遭遇痛苦，但也要想辦法讓自己吃得下、睡得安穩。只要身心健康，稍微忍耐一下，再努力看看就好。

所有的經歷都是有意義的，只要能夠領悟到這點，就能夠堅持下去，等待蓄勢待發的時機。

19

就算事情接連不順，你也不能停止不前

一旦停下腳步，就無法往前

「諸行無常」，人生總有高低起伏，誰都可能經歷「無論怎麼做，好像都不如意」的時期。

可能才剛發生一點好事，接著卻被痛苦的事件打擊，為此內心喜憂參半，無法平靜。像這樣的低潮，有時候會持續好一段時間。

在這段時期，雖然宛如身陷泥淖，令人非常痛苦。請相信我，一切都會過去的。這些都是一時崎嶇，不會持續一輩子。

人生有如登山，有平地，也有高峰；有平坦的道路，也有大起大落的坡段。

請不要覺得只有你陷入困境，而是想著「人生就是這樣」。

我看過形形色色的人，不管是怎樣的人，都有過不甚如意的經歷，大家都慢慢從困境中，學習取得心靈平衡的妙方。

就像是學校的必修科目一樣，這是你我一生都必須學習的道理。

那麼，當低潮期來臨時，我們該怎麼辦？

我的首要建議就是，請不要停止不前。

反正做什麼都不順，就放棄工作和交際，一個人躲在家裡。

反正做什麼都不順，就整天看電視、打電動消磨時間。

反正做什麼都不順，就盡情喝酒、暴飲暴食，搞壞自己的身體。

這些就是我說的「停止不前」，如果放任下去，生活反而會愈來愈脫離正軌。

請不要停止不前，照舊過日子，如常維持你的人際關係，這比什麼都重要。

但我不是要你「超出負荷」，勉強自己。人逢低潮，往往會提不起勁，那就跟不會讓你感到負擔的朋友聯絡就好，也不需要勉強自己做額外的工作或學習。

不必刻意勉強自己——「因為不順利，所以我要『更加』努力」，只要保持「雖然不順利，但事情還是要做下去」的心態就好。

假如全力以赴是一百分的話，那就使出六十分的力氣就好，以中庸之道做事。

如果你一直鑽牛角尖，反覆想著：「我到底是做錯了什麼？為什麼事情會這麼不順？」，只會讓自己感到痛苦而已。對於被交代的工作，或是眼前要做的事，不要放太多情緒，完成即可。

請試著告訴自己：「這是上天對我的考驗。」不需要刻意改變步調，只要謹慎行事即可。當你逐漸習慣這樣的

「諸行無常」，人生總有高低起伏，人生就是這樣。當低潮期來臨時，請不要「停止不前」。

狀態，有一天，你會發現自己已從谷底翻身。

而且，就算是在「低潮期」，只要你留心注意，就會發現其實身邊還是有很多值得慶幸的「順遂小事」。

比方說，生活沒有遭遇重大災難，家人安好，可以吃到美食，或是身旁有好友相伴等，這些都是值得慶幸的事。

認真想一下，當你覺得「很不順利」的時候，其實大都只是「心中所求的優先事項，沒有如願」而已。

太過執著的話，你可能會不由自主遷怒周圍的親友同事，或是不斷地出現心不在焉的小失誤。

如果你真的無法平靜下來，請想想你最在意的是什麼，為何如此在意？找張紙，寫下原因。

從客觀的角度自問：「為什麼我這麼在意？」，「我想要怎麼做？」，把答案一個一個找出來，這也不失為一個好方法。

雖然你可能無法一下子改變整個情況，但至少可以了解到「原來是這樣，所以我的心情才無法平靜」，讓自己豁然開朗。

當你想開了，知道「即使現在處於低潮，但是該做的事，還是要做」，你的處事角度就會更靈活。不知不覺間，你就會找到度過難關的方法。

20

晚上就是要「好好睡覺」，確實會發生的事，預先準備對策，其他的不用多想

保持心靈平靜的祕訣之一就是：「上班以外的時間，不想工作的事。」

下班後，因為滿腦子都是工作而倍感壓力的人，比比皆是。既然下班了，就請不要再想著工作的事。

或許有人會說：「我就是做不到，才會感到困擾的呀！」（笑）。那我們就來特訓一下，如何區分「現在必須想的事」和「不必現在想的事」吧！

當你忙到焦頭爛額，一想到「這個還沒做」、「那個又不得不做」，就焦慮不已時，請先暫停一下，問問自己：「這件事必須那樣嗎？」，「這項工作真的非得現在做不可嗎？」

工作以外的事，也可以這樣自問自答。設想未來，做好必要準備雖然很重要，但是為了目前無能為力的事感到煩惱不已，也是無濟於事。

確實會發生的事，預先準備對策。不管是自己想辦法、請教他人，或是多方謀略、採取可行對策都可以。至於不確定是否會發生的事，無須多想，平常心面對就可以了。

或許，你會覺得我在隨便講講，但事情本來就應該這樣處理，不是嗎？

我覺得處理事情，基本上就應該養成這樣的習慣。我也建議各位，從下班回家到上床睡覺前這段時間，建立固定的行為模式。

以我為例，我回到家之後，通常會看看連續劇、喝點小酒，在飯後稍作休息，然後洗澡，早早上床睡覺。

小酌是為了放鬆心情，所以我大概只會喝一、兩杯紅酒，或是一瓶啤酒的量。

就算有非常令我煩心的事，我也會想「等明天睡醒再說」，設法讓自己入睡。

人的大腦運作一天，到了晚上已經疲憊不堪，此時不管再怎麼絞盡腦汁，也想不出什麼好主意的。

如果一覺好眠，當你起床之後，頭腦的疲憊俱消，整個人也會感到心曠神怡。

事實證明，人需要良好的睡眠。如果能夠神清氣爽地思考事物，就比較容易想出新的靈感，看事情的角度，或許也會有所改變。

當人處於煩惱的狀態，就算只是一點點小事，也很容易放大十倍、二十倍來看。

有很多煩惱，其實都是自己把事情想得太嚴重，以旁觀者的角度來看，或許沒什麼大不了。有時想得過多，甚至產生被害妄想。

當你發現自己遇到類似的情況，要命令自己「不要再想下去」，打開電視看看節目，讓自己放鬆一下。我會錄一

設想未來、做好準備很重要，但不確定是否會發生的事無須多想，晚上就是要「好好睡覺」。

大堆自己喜歡的時代劇和旅遊節目，到了晚上，就可以盡情欣賞。

飲酒過量容易傷身，如果是小酌一、兩杯的話，則有助於放鬆心情。

不斷地因為無能為力的事感到煩心，很容易把自己逼入絕境。下了班回到家之後，就請你把腦袋和心靈，都切換到居家模式。入夜了，就設法讓自己睡個好覺。

21

「沒自信」不一定是壞事，匆促建立自信才危險

最近，我聽到很多人說：「我對自己沒信心。」可能是受到西方思維的影響，社會上普遍認為有自信是很重要的事，我卻持保留的態度。

自信往往是從不會到會的過程中，逐一建立起來的。比方說，考試很順利、工作很順心，經過漫長的時間，從各方面良好的表現累加起來，慢慢建立自信。

很可惜，但我必須說，自信並不是稍微「改變一下想法」，就可以輕鬆擁有的。想要勉強自己產生信心，哪有這麼容易？

強迫自己改變原有的認知，責怪自己為何如此缺乏自信，只是徒增痛苦與煩惱罷了。雖然特別努力了一番，最後還是可能白忙一場，這樣是沒有什麼意義的。

把話講白一點，自信不是想要就可以擁有的，而且根本就沒有「因為有自信，所以不會煩惱」這種事。

人的一生，往往風水輪流轉。短時間如意，或許會讓你走路有風、充滿自信，過了幾年之後，你可能會發現「咦？怎麼事情不大順利」，而感到失望、頹靡。

人生，本來就是如此，高低起落都是常態。

況且，一個人有沒有自信，也不是那麼絕對的事。舉例來說，運動選手在接受採訪時，表現得一副自信滿滿、志在必得的樣子，他的個性有可能是「把話說滿，給自己壓力，才能夠全力以赴」的類型，但實際上是否真的那麼有自信，就不得而知了。

若是只將「壓力當成負擔」的人來學這種方法，只會讓事情變得更糟。每個人的個性都不一樣，不可一概而論。

順帶一提，要是你問我，我是有自信、還是沒自信的人？我還真的不清楚（笑）。我會很多事，但是不會的事情也很多。

都到了這把年紀了，我也不可能改變自己，這也沒有所謂的好或不好。

比起擁有自信，妥善掌握自己的個性與好惡，才是更重要的，不是嗎？

舉例來說，遇事容易糾結的人，或許不擅長做大事，但也許能夠把細節處理得很好。神經大條的人，可能不擅長處理細節，卻總是能夠開朗地與人談話。

我們必須了解自己的個性，釐清自己「在行」或「不擅長」什麼事。對於自己很在行的事，就放手去做；不擅長的事，就不要過度勉強自己。

若是遇到不擅長卻又不得不做的事，就努力看看能否做到「最低標準」，這樣就夠了。

大約十年前，我經歷了手寫病歷全面電子化的時期。那時，我將近八十歲，這輩子從未真正使用過電腦。

了解自己，釐清自己「在行」或「不擅長」什麼事。每當遇到新考驗，往往就能順利度過。

雖然我心想「哎呀！真是麻煩」，還是去上了電腦課，同時求助於身旁的護理師，才終於學會了基本技巧。現在，只要我大喊：「我不懂，誰來教我？」，同事就會飛奔到我身旁來幫助我（笑）。

這個世界的變化速度愈來愈快，你一定會遇到自己會與不會的事，這是很正常的。

世上哪有什麼十全十美的人或十全十美的事？萬事萬物，沒有絕對。如果打從一開始，你就能有這樣的心理預期，每當遇到新的考驗，你往往就能夠順利度過。

遇到不懂的事，就說：「不好意思，我不懂，請教我好嗎？」

遇到不了解的事，就說：「我不知道，但我會努力學的，請教我好嗎？」

遇到不會做的事，就說：「我不會，請教我怎麼做，好嗎？」

坦然面對自己的不足，率直尋求協助的人，會活得比較輕鬆。做人實在沒有必要端著架子，高高在上。

「那件事我不會，你能夠幫我嗎？」

「我做不到，請你幫我，好嗎？」

人類社會就是這樣，需要互相幫助。

在你考慮有沒有自信之前，率直的態度很重要，這對於你能否平穩地生活下去影響也很大。

22

走出悲傷和打擊，
需要的不是建議，而是時間

有時，會有患者對我說：「一想到那個人，我的內心就燃起怒火，不知該如何是好。」「一想到以前不愉快的回憶，我就非常後悔、非常難過，什麼事都做不了。」

不愉快的回憶，尤其是帶著憤怒與悔恨，很容易在心裡糾結很長一段時間。應該有很多人都曾經為了這樣的事，深感困擾。

人只要活著，就會發生很多不愉快，甚至令人感到痛苦或悲傷的事。

每每想起這些事，就算你感到焦慮或失落，也改變不了什麼。**過去的事無法改變，你也不能消除記憶。你只能夠靠自己克服，試著走出去。**

你可能會想「這個道理我當然懂，但我就是做不到啊！」

以我看過的病人來說，有些嚴重的病患，不愉快與悔

面對過去的傷痛，時間是最好的良藥，宛如好雨，潤物細無聲，一點一滴地療癒人心。

恨的記憶鮮明地留在腦海裡，內心因為打擊太大、無法平靜，陷入了無盡的憂鬱，什麼事都做不了。

通常，遇到這種情況的病患，醫師會使用鎮定劑與藥物，試著緩解病情。但是，藥物無法消除這些不愉快的回憶，過去的事也無法當作沒發生過。

能夠做的，就是慢慢地等這些不好的記憶，逐漸淡化而去。

從我的經驗來說，不讓自己優柔寡斷、東想西想，最好的方法，就是讓自己忙到閒不下來。

當然，過度增加工作，可能會令人吃不消，那就多從事一些學習、運動，或是各種放鬆心情的活動。如果你喜歡和別人聊天，那就多增加一點時間與人交談。

試著拓展各種人際關係，多去接觸未知的世界，接受不一樣的刺激。如此一來，時間一旦足夠，糾纏你內心的事物，就會漸漸地離你遠去。

不再受困於往昔的最好良藥，就是時間。

或許無法立刻見效，但時間宛如好雨，潤物細無聲，一點一滴地療癒人心。

人生苦短，千萬不要浪費寶貴的光陰，沉湎於不開心的往事中。

23

比較之心人人有，
無論看起來多麼風光的人都有煩惱

人的「比較心」有好處，也有壞處。好處是會讓你因為不想輸給別人，而產生想要努力打拚的進取心。

另一方面，也可能會讓你因為忌妒他人，而產生「為什麼只有我這麼不幸」的負面想法。

我發現，近來因為比較所產生的負面效應，似乎有逐漸增加的趨勢。

有愈來愈多前來求診的病患，由於跟周圍的人比較，因此感到失落、焦慮、嫉妒，生活變得更加痛苦。

無論是家庭環境、就讀的學校、職場或時代不同，都很容易被拿來比較。

比較這件事，原本就難以避免，就好像開餐廳的人，會注意別人桌上的食物，不由自主地想著：「那道菜看起來很好吃，好想要嚐嚐看。」

關於這點，不必刻意壓抑自己，而是要明瞭「比較是人類天性」，同時告訴自己「無須和他人相比」，以此為內心準則。

不管看起來多麼幸運、多麼優秀、多有成就的人，一定都有自己的煩惱與痛苦。

當你感嘆：「好羨慕那個人啊！」，如果你真的變成那個人了，就會擁有不同的痛苦與煩惱。說不定，以「煩惱的總量」來說，比你目前承受的還多。

我的病患也包括大公司的老闆，就算公司賺了很多錢，他們的內心卻很痛苦，不僅要負擔職員、考慮到他們的家庭，還要擔心公司的營業額與人事問題等，內心孤獨，不安無處傾訴。

擁有優秀孩子或丈夫，生活看起來十分優渥的美麗太太，居然受到鄰居太太們的嫉妒而被孤立，晚上煩惱到睡不著覺。

有些人即使嫁到有錢人家當少奶奶，但因為婆媳問題而陷入憂鬱。很多外表光鮮亮麗的人，也都前來精神科看診，尋求協助。

這些人的外在條件看起來雖然都很美好，但其實各有苦處。而且，擁有這些條件的人，大多被更多責任、一些立場或人際關係束縛著，內心承受的痛苦遠比旁人所見的大很多。

不管身處何種環境，每個人都一樣，各自承受生活上的苦楚。

不管你處於何種立場，只要活在世上的一天，就免不了痛苦和煩惱。這種苦楚，絕對沒有上下之分。

因此，和他人相比而感到失落、甚至怨恨，根本沒有意義，簡直是白費力氣。

當你內心不平衡時，試著提醒自己：「我活得這麼吃

活在世上一天，就免不了痛苦和煩惱。每個人的生活都有難處，不必一味羨慕別人的美好。

力，他也一定很辛苦吧，搞不好比我更苦。」

每個人的生活都各有難處，看起來活得輕鬆寫意的人，也許在反覆的犯錯和修正中，摸索到身心平衡的方法。

表面上看起來很堅強的人，在遇到困境時，當然也是很苦惱的。

我們要做的，就是在不斷的試誤中，思考「我為什麼這麼煩惱？」，「這件事要這麼在意嗎？」，讓心情恢復平靜。

要知道「問題本來就無法避免，一定會發生」，每件事情都要煩惱的話，就會沒完沒了。

只要想著「我先做好眼前的事」，把精力妥善調配到其他地方去，不再瞎操心。

無論是職場或家庭的常見問題，說穿了，往往都不是什麼大事。用輕鬆、積極的態度去面對吧！

24

不得不拚命努力的時候，很快就會到來
平時沒必要，不用太過拚命

工作了一段時日之後，你可能會被要求負擔超出能力範圍的任務。我也曾被拜託過「自認為做不來」的工作，覺得很沒有把握。

雖然我會盡量不去想「我做不到」，但難免還是會有「我真的可以嗎？該怎麼辦？」的不安。

遇到這種時候，我會先用「做做看吧！不行的話再說」這種樂觀心態，把工作承接下來。

印象中，有很多「猶豫做，還是不做」的事，在實際接手之後，都有辦法完成。

那是很久以前的事了，我當時剛成為精神科醫師，日本政府開始在全國積極增設精神病院。

在那個年代，精神病院原本就很少，加上戰火摧殘，更是所剩無幾。大多數的精神病患，被迫關在家裡由儲藏室或倉庫改建的「座敷牢」，過著慘無人道的生活。

我當時的工作，就是把這些精神病患送到醫院，擔任他們的主治醫師。我曾經負責高達八十位左右的病患。

當時，我感到不堪負荷，覺得「已經到了臨界點」，但還是走一步看一步地撐了過來。

不過，真的不堪負荷時，我一定馬上向人尋求協助。所以，當你覺得真的撐不下去了，最好趕快找人幫忙。

我到了七十歲，還被委任當診所所長。那時，我心想都這把年紀了，還能夠做多久？結果，我又繼續做了七年。

話說回來，在我的人生當中，我並沒有對自己很嚴苛。我不會硬逼自己咬牙苦撐，只會要求自己「今日事，今日畢」，完成當天可以處理的公事就好。

遇到「可能做不來」的事情，我會衡量身心健康來決定。最重要的是，我會讓自己的身心都盡量維持安定，吃得好、睡得好，人際關係平穩維繫。

身心狀況還不錯的時候，接受稍微有挑戰性的工作，大致上都可以順利完成。如果身心狀況不佳，就拒絕超出能力所及的工作。

難道真的要為了面子，或是比別人多賺一點錢，犧牲自己嗎？

人一旦失去身心健康，什麼都是空談。諷刺的是，在當今物質和食物都充足的太平盛世，因為睡眠不足、極端偏食而導致不健康的卻大有人在。

睡眠充足、攝取有益身心健康的食物，照顧好自己，才是成就萬事的本源。

吃什麼都好，就是要注意「適量」的問題。米飯、青菜和酒，都得適量而食。飲食適量了，很奇妙，你就不會產生「想多吃」、「想多喝」的欲求。

身心狀況還不錯的時候，勇於承擔有挑戰性的工作。照顧好自己，才是成就萬事的本源。

請仔細聆聽你的身體想要對你說的話，無論工作如何打拚，都先問過身體再說。

Episode 4

歷經結婚、生子、全職主婦後，意外重回職場

中村恒子在奈良醫科大學的精神科工作了五年左右，她的醫師朋友建議她去相親。那時，她二十七歲。

當時的中村恒子，已經工作得心灰意懶。她的恩師金子醫師轉到別的大學，一起在醫局工作的同事們，也都各奔前程。醫局內部的情勢驟然改變（當時的大學醫院有如「白色巨塔」，一旦教授換人了，底下的副教授、講師，也會跟著大換血。）

「總覺得跟以前不一樣了，」中村恒子覺得很失落。她就是在這個時候相親的，對方是年長她兩歲的耳鼻喉科醫師。

相親對象名叫中村三雄，第一眼就喜歡上嬌小、純樸

的中村恒子，馬上就請她「一定」要嫁給他。

「這個人，看起來好像不錯……，」中村恒子對這位相親對象也頗有好感，心想「既然對方這麼想跟我結婚」，就答應對方的求婚。

「與其說是戀愛的感覺，應該就是有好感那樣吧。『跟這個人結婚，全家一起去健行或爬山，應該會很愉快吧！』我是抱持著這樣的想法，才決定結婚的。」

當時的中村恒子，也剛好有結婚的念頭。周遭的前輩們，經常對她說：「身為精神科醫師，如果沒有結婚、育兒的經驗，怎麼了解男女老幼的煩惱呢？」

就這樣，中村恒子舉行了簡單的結婚儀式，開始了新的生活。不久後，她就發現丈夫有嗜酒的問題。

「總之，他就是這家喝完、那家喝的人。當耳鼻喉科醫師的時候，的確是很認真工作，但是下了班之後，幾乎每天都跟一大群酒友，在大阪街上一家喝過一家。我那個時候，也真是太不經世事，一開始還天真地想，男人都是這樣的吧。」

結婚隔年，中村恒子懷了第一個孩子。一九五七年（昭和三十二年），她平安生下大兒子，工作也中斷了一陣子，開始體驗一段「不需要工作」的日常生活。

家庭主婦的日子，對於以往總是沒日沒夜工作的中村恒子來說，似乎是非常輕鬆、愉快的。她全力照顧孩子，也和附近有年紀相仿孩子的媽媽們去購物，偶爾會一起做菜。

兩年後，二兒子出生，她的重心都專注於養育小孩。

「我會當醫生，並不是因為我對這份工作有多大的熱情。所以，我當時覺得，在家養育孩子也不壞，等孩子長大到一個階段，我再找間醫院兼差。我當時想得多輕鬆啊！」

隨著日本在戰後的發展，國家開始重視精神醫療，全國各地開始積極廣設精神病院，精神科醫師也逐漸出現短缺的現象。

中村恒子接到以前工作單位的聯絡，拜託她：「一週來一、兩天也沒關係，希望妳能夠回來上班。」

雖然她很想回去幫忙，礙於孩子還小，遲遲無法決定。最後，意想不到的人，對她伸出了援手。

中村恒子住在尾道市的父母，提出了到大阪與她同住的要求。

「歷盡千辛萬苦才當上醫生，待在家裡實在太埋沒了。妳要出去工作，貢獻一己之力才對。」

在成長的過程中，中村恒子從未感受過父母對她如此關愛，所以對他們的建議感到非常吃驚。

「現在想想，我的父母當時應該早就想到大阪了吧(笑)。他們溺愛的兩個弟弟，分別到德島和東京的大學去

產後回到工作崗位的中村恒子

念書了，我父親也退休了，應該在家裡面閒得發慌。」

就這樣，在很意外的情況下，中村恒子被推回職場。「要是妳回去上班的話，我不介意和妳的父母同住，」丈夫也對中村恒子重回職場表示同意。

彷彿來自四面八方的助力，都催促著中村恒子回到工作崗位上。一九六三年（昭和三十八年），她回到信貴山下的精神病院擔任專職醫師。

不過，她一生當中最辛苦的日子，也由此展開。

（EP 5待續）

第5章

工作與生活「兩全其美」的辦法

25

工作維持品質，只要不低於標準，不一定要完美

最重要的是，不能夠中途甩手不幹

工作和家庭平衡，是很多人的重要課題。現在的職場環境和男女的想法，比起以往有很大的改變，但現實生活中過得很苦的人，好像還是很多。

孩子還小時，時間都被小孩綁住，事業的發展也往往受到限制，很多事都無法達到自己預期的水準。

很多職業婦女，都有類似的難處——

「工作無法達到理想表現，很多事情都落於人後。孩子有時發燒等突發狀況，給公司帶來困擾。跟全職媽媽比起來，也無法完全投入孩子的教養，給小孩無微不至的照顧。」

明明有理想，卻無法達成，逐漸失去自信、感到焦慮，如果是個性認真、有責任感的人，想必會更加痛苦。

但是，就我來看，**你為何非得按照理想去實現？是為了給誰交代？**

很多事情，只要「過得去」就好了。這個世界原本就不存在十全十美，即使某些表象乍看之下很完美，一旦深入了解之後，就會發現實情跟自己原先以為的根本就不一樣！像這樣的事情，多得數不清。

結婚對象如此，工作如此，身旁千絲萬縷的人際關係亦是如此。就像潘朵拉的盒子，不管表面上看起來多麼美好，打開蓋子後會飛出什麼，誰也不知道（笑）。

每個人，都有不為人知的祕密。你應該想，不是所有事都會按照理想實現，「那麼，我要如何以現有的條件，讓事情變得更順利？」像這樣靈活地改變思考角度，對你才更有利。

以我為例，在生下大兒子到二兒子五歲的這段期間，我都是全職的家庭主婦。我可以按照自己的方式教養孩子，成效也在標準之上。

我對工作沒有很大的執著，當時覺得，就這樣當一陣子的家庭主婦也很不錯。

不過，由於醫院人手不足，拜託我回去上班，就連在老家的父母都對我說：「我們搬來跟你們住，妳出去工作吧！」我幾乎是半推半就地被推回職場去。

一回到工作崗位上，事情就接踵而至。照顧孩子的事，只得全部交給父母，離我原先的理想差距很大。

那時我心想，為什麼會變成這樣呢？但是，也不可能馬上改變現狀。

事已至此，我只能開始思考，還能夠怎麼做才好？於是，我決定「兩邊都不放棄」。家裡的事，該怎麼樣就怎麼樣，工作也繼續做。

當時，我已經無計可施，只能想著盡我所能，硬著頭皮撐下去。

世上原本就不存在十全十美，預設一條標準底線，很多事情只要「過得去」就好了。

回過頭來看，當時很多情況是否達到一般標準？老實說，很多都只是勉勉強強及格而已，只能說至少不是很差勁、不及格就好了。我那時的想法，就是「視情況」來調整做法。

與其追求完美，然後遭遇挫折，不如接受雖不完美，但日子還是可以順利過下去，這才不是更重要的嗎？

你可以先在心裡預設一條標準線，告訴自己：「絕對不可以低於這條底線」，然後努力不讓狀況差於這條底線。只要不差於最低標準，凡事「過得去」就好了。換個想法，其他的就「順其自然」吧！

26

家庭和諧永遠擺第一，
堅持這項原則，其他的過得去就好了

我最掛心的事，就是「家庭和諧」，一旦家裡有爭吵、氣氛不好，孩子們的精神狀態，明顯會變壞。夫妻間爭吵不斷，婆媳問題嚴重，或是家人的關係高度緊張，這些家庭問題都會讓孩子變得不想上學，甚至出現行為偏差，很容易就會造成精神上的問題。

每個時代，都會出現一樣的狀況。母親的角色尤其重要，因為媽媽的狀況不穩定，直接會對孩子的精神狀態造成影響。

我已經結婚生子，即使有不順心的事，為了孩子，還是以家庭和諧為優先考量。

不要為了微不足道的小事，動輒爭吵不休，應該要盡力維持家庭氣氛的平穩才是。這不只是為了孩子好，也是為了父母著想。

如果孩子病倒了，或是出現行為偏差，做父母的也會心神不寧，又怎麼能夠顧好工作呢？

若是因為父母的情緒，使得孩子內心一團混亂，所有的惡果最後還是由家長承擔。

前文講過很多次了（笑），我先生是個愛喝酒、花錢如流水的人，所以我必須外出工作，賺取生活費。

但身邊的人似乎不大認同我的做法，我身處的時代，天黑了店家就會關門休息，真的很不方便。

我有時也會感慨，明明有個當醫生的丈夫，怎麼還會落得如此？真是想像不到。

但是，毫無其他選擇的話，我也只能夠告訴自己，硬著頭皮做下去，總會有辦法的。人，就是這樣活下去的。

若是還有其他路可走，我們可能就會三心二意。反而遇到「非這麼做不可」、無路可退的情況，才能夠義無反顧地走下去。人類是很有韌性的，這麼想，你的心情也會變得比較輕鬆一點。

話說回來，養育孩子真的很辛苦。這個時代有很多單親媽媽，尤其是孩子還小的時候，要兼顧工作和家庭，真的非常累人。我和病患及醫院裡的年輕後輩談話時，都能夠感同身受。

「為什麼我都這麼努力了，事情就是無法如意？」如果家裡的事令你過度心煩，手邊可以不管的事，就暫且先放下吧！

養育孩子或照顧家庭，「過得去」就好，有時「馬馬虎虎」也可以。

每個家庭都一樣，世上普遍如此，你並沒有比別人糟糕。要能夠想：「我們家就是這樣，沒有辦法」，凡事要學會看得開。

最要不得的，就是責怪自己「為什麼只有我這樣」，

家家有本難念的經，不要為了微不足道的事爭吵不休，應該要盡力維持家庭氣氛的平穩。

因此感到焦慮不已，還把負面情緒帶給孩子。

只要記住一點，所有的負面效應，最後都會回到自己身上，你處理事情的優先順序，就會跟著改變了。

想要事情十全十美，通常都是家長單方面的想法，跟孩子的幸福一點關係也沒有。

身為父母，與其訂定很高的標準，然後操心什麼都做不好，不如經常露出溫暖的微笑，幸福地常伴孩子身旁，這對孩子的成長才重要。

就算無法給孩子很多東西，只要他們感受到父母用愛守護自己，就能夠安心，努力成長。

養育孩子只是人生的一段歷程，雖然會有一段日子很辛苦，但是等到孩子長大了以後，你的人生還有好長一段路要走，還有很多有趣的事在等著你。

抱持著期待的心情過日子，這樣不是很好嗎？

27

人生免不了艱苦，要有苦中作樂的本領

為了孩子，為了工作，為了生活，家庭和諧是最重要的。所以，即使我先生有一些缺點，我也堅決不離婚。

不過，這當然也跟所處的時代有關，現在單親並不少見，但是以前的日本，並沒有這麼寬容，單親家庭往往遭受社會的嚴厲譴責，單親家庭的孩子很容易會被他人指指點點說「那孩子的家庭，一定有問題。」

因此，我下定決心──「無論如何，都不離婚。」

但是，一味的忍耐，卻很痛苦。想到一輩子都要忍受這種折磨，就覺得十分煎熬（笑），所以我試著改變想法。我訂定明確的目標：「在我和先生可以在兩個孩子的結婚典禮上一起致詞之前，我會努力維持夫妻關係。」

在心裡訂下期限之後，不管是夫妻關係或家庭生活出現危機時，我會跟自己說：「哎呀，再撐一段時間吧！」，或是「這種日子，總有結束的一天。」變成這樣想了以後，很多危機都順利度過。

話說回來，我並不是要正在考慮離婚的人，像我一樣訂個目標。現在的社會風氣，對家庭定義較具彈性，爺爺奶奶也樂於照顧孫子，雖然不離婚對某些家庭可能比較好，但也有不得不結束婚姻的情況，一切要視個別狀況而定。

我想要說的是，不只是夫妻關係，**每當遇到需要忍耐的情況，不妨試著為自己訂定一個目標或期限。**

有了目標或期限之後，那些令你感到痛苦、疲憊不堪的事情，有時就會稍微得到緩解。

生活如果沒有目標，很容易流於散漫。一旦決定「今天，我要完成這件事」，時間的運用就會比較有條理，兩者的道理是一樣的。

有時我們已經盡量去避免了，但人生還是會有很多事情不如意，有太多事情需要忍耐。既然如此，**與其思考「如何才能夠不再忍耐？」，倒不如想想「同樣都得忍耐，如何才能苦中作樂？」**

以我為例，如果在家裡受到委屈，我會盡量讓自己在職場上開心、舒適一點。不管是護理師或行政人員，只要覺得「這個人跟我很合拍」，無論年紀或立場，我都會和對方變成好朋友。

在工作之餘，我也常常和同事抱怨丈夫，藉此排解壓力。等到孩子長大，不再需要我照顧以後，我會和同事一起去爬山，轉換一下心情。

如果你和同事的關係良好，你就建立了自己的生活圈。有了自己的圈子，不但家庭壓力得以紓解，等到工作日漸得心應手之後，職場變成一個可以讓你休息、喘口氣的地方。

每當遇到需要忍耐的情況，不妨訂定一個目標或期限。面對生活難處，要能學會苦中作樂。

有機會的話，我十分建議大家在非工作時間，和同事一起出去玩。你可以看到他們私下的真性情，也有機會發展出友誼。

每個人的狀況都不同，但大多數的人一天當中最長的時間，就是待在職場上。上班時能有好心情總是好的，其中大部分的因素，取決於你的人際關係是否良好。

就這樣，經過數十年之後，我當初設定的目標——「在我和先生可以在兩個孩子的結婚典禮上一起致詞之前，我會努力維持夫妻關係」，終於達成。

在我做那個決定的當下，我想的是只要達成目標，就馬上和丈夫分開。但是，等到真正達成這項目標，我先生已經上了年紀，個性變得比較圓融，酒量有所節制，人也變得老實多了。

「不離婚也沒差吧，反正離婚也很麻煩啊！」我的心境也變了（笑）。

像這樣的人生經驗，等到事過境遷之後，就會變成茶餘飯後的話題。

28

培育他人，也是在培育自己

當我決定要以精神科為一生志業時，許多前輩都對我說過：「精神科醫師最好要有結婚和養育孩子的經驗。」

因此，我結了婚，也生了小孩。我的感想是，有結婚生子的人生經驗，真是太好了。

要把什麼都不會的小嬰兒，養育成能夠獨當一面的大人，真的很不容易。在養育孩子的過程中，父母無可避免會遇到很多課題。

不如己意的煩心事當然很多，意外就像家常便飯，令人生氣、不安的事不會少，騰不出時間完成想做的事是很正常的。

在這段過程中，也要學會如何調適自己的情緒和身體狀況，同時必須學會如何與家人或周遭的人相處。**當父母的，也會透過一次次的經驗，慢慢蛻變成更成熟的大人。這些經歷，對工作或日後的人生，都有很大的幫助。**

在「培育他人」的過程中，自己也會獲得成長，慢慢蛻變成更成熟的大人。

人在「培育他人」的過程中，自己也會獲得成長。

舉例來說，口頭上的提醒和勸戒，往往無法真正令人改變。如果不是由衷的肺腑之言，很難打動人心，也無法改變他人。

若是連自己都做不到的事，還勸戒或要求他人，尤其不妥。大人的行為和心思，看在孩子眼裡一清二楚。想要改變孩子，大人必須身體力行。

因此，**我們在培育他人的過程中，也會不斷地檢視自己的待人處事，是否有所缺失。**

光憑一些原則真理，就想要影響、改變別人，我覺得無論是大人或小孩，都不會那麼輕易買單。

有些人想把自己過好，所以選擇不生；有人不想承擔責任，所以不想帶領部屬，每個人的想法都不同。我個人覺得，培育他人是很好的人生經驗。

尤其是生養孩子，用心的方式尤其不同。先撇開自我成長不談，你會由衷體驗到很多快樂和喜悅。

從只會嚎啕大哭的小嬰兒，到能夠獨自站立、學會說話、自己上學、進入青春期，不久後長大成人，見證這一段段的生命歷程，比任何連續劇或電影，都要更令人感動。

我們都是這樣長大成人的，在參與孩子成長的過程中，深有體會的事會愈來愈多。

每個人都是從這樣的過程中，逐漸成長為能夠獨當一面的大人。

培育他人，就是在培育自己。

關於生養孩子的好處，很多人或許持反對看法。但我個人認為，只要身體健康，生活環境有利於生養小孩，請一定要生個孩子，好好養育成人。

29

教養孩子時，比技巧更重要的事

這篇還是跟養兒育女有關，哎呀！女性對於教養小孩的煩惱，真是太多了。

不過，我仔細聽了大家的煩惱，發現媽媽們在意的，好像不是孩子的事。很多人在意的，其實是身為家長的面子和世俗觀感，只會計較別人家是怎麼樣，我的孩子跟別人家的比起來又是怎樣，並未正面看待孩子的發展。

我的看法是，養育孩子沒必要和別人的做法一樣。有些家長為了孩子的將來著想，認為在幾歲之前就應該安排什麼樣的學習，我認為這不是最重要的。

最重要的是，家長的想法與行為，是否真心為了孩子的幸福著想。只有這點，才是為人父母者應該重視的。

唯有父母真正領悟到這一點，孩子才能夠感受到父母深深的愛。

即使忙得不可開交，騰不出時間來陪孩子，父母如果

對孩子付出真正的愛，正面看待孩子的發展。
學會不歸咎他人，就能獲得大幅度的成長。

能夠經常透過各種方式，表達「我們對你的事，還是很關心的。」我想，孩子大都能夠感受到父母的心意。

就算料理做得不精緻、會煮的菜也很少，有時間的話，盡量親手為孩子做飯。盡可能陪伴在孩子身旁，當孩子找你討論事情時，專心聆聽問題，不要把他們當成不懂事的小孩，可以用「你想要怎麼做？」、「你是怎麼想的呢？」這樣的提問方式，和他們一起思考、討論。

家長要用這樣的方式，持續對待孩子。久而久之，孩子自然會感受到父母對自己的愛，知道父母是真正關心自己，為自己著想的。

家長如何費時費力，花了多少錢、做了多盛大的事，是不是為了面子或人脈，孩子都一清二楚。

在前來看診的病患中，愈是大肆抱怨：「孩子都不聽我的！」，「我千辛萬苦為孩子做了這麼多，他們卻不照我的話做」，「我的小孩真的很不孝」，大多都是因為孩子早就看清母親的真正目的，並不是為了自己著想。

說句嚴厲一點的，「是誰把孩子教成那樣的？」孩子並沒有拜託我們生下他們，是我們決定要生的。

如果不能謹記這點：要對孩子付出真正的愛，否則最後的苦果，都會報應在自己身上。

這個道理也適用於工作上，身為老闆或主管，與其感嘆員工都不好好為自己做事，不妨想想，把公司搞成這樣的，又是誰呢？如果是個人，轉職不順、找不到合意的工作，不妨檢討一下，讓自己陷入如此困境的，又是誰呢？

學會不歸咎他人，為自己負責，你就能獲得大幅度的成長。

想要按照自己的意思生活，你就必須學會對自己的人生負責。

30

培養孩子獨立自主的能力，凡事幫忙做好，他們無法成長

人總會有長大獨立的一天，以小孩來說，中學時期進入青春期，然後逐漸脫離父母，在二十歲左右獨立。

工作上也是一樣，菜鳥經過幾年磨練，逐漸能夠獨當一面，除了完成被交付的任務，也會開始有自己的意見與做法。

這都是很自然的過程，但最近卻出現了許多孩子無法順利獨立的現象。

在家長應該插手關心的時期，如果能夠好好用心協助，絕大多數的孩子都可以一步步成長獨立。

但是，有許多父母卻因為捨不得，想永遠把小孩緊緊拴在身邊，希望他們一直聽自己的話，即使長大成人，也和家裡保持親密關係。

像這樣依賴性強又有強烈掌控欲的父母，對孩子的自立，成為了阻礙。

在公司也是一樣，許多人總愛強迫別人接受自己的意見，任意使喚部屬或同事，常常把大家搞得人仰馬翻。一定要把員工的一舉一動，從頭到尾掌控在手中，否則誓不罷休的微管理型主管，就是其中一例。

這樣的話，人永遠學不會自立，不管經過多久，都無法真正獨當一面。對孩子來說，搞不好會因此變成待在家裡、足不出戶的繭居青年，或是患上厭食症，甚至引發一些心理疾病。

當然，不管是孩子或員工，在什麼都還不會的青澀時期，都需要充滿關愛的細心照顧。但是，**隨著他們成長，如果不逐漸放手的話，他們永遠無法進步。**

從青春期開始，父母就必須做好準備，孩子將來會獨立。等到孩子成年，完全脫離父母獨立，兩者各自過著自己的人生。

為人父母者，如果能有這樣的意識，就能夠順利放手讓孩子獨立。

當孩子獨立出去以後，有些家長可能會覺得孤單、寂寞。但親子畢竟是親子，血濃於水，親子間就好像有一座橋梁，關係總是維繫著。

雖然孩子脫離了父母的人生，當然還是可以想到就聯絡一下：「怎麼樣？最近還好嗎？一切都順利嗎？」只要走過這座橋，偶爾探望一下孩子的近況就好。

不過，記得要先敲敲門，就算是自己的小孩，也不能毫無顧忌貿然打擾。

只要建立這種明確的認知，**親子間的往來**，**通常不會有什麼太大的問題**。父母如果毫無顧忌介入成年孩子的生活，通常會衍生出許多問題，其中以婆媳問題最為常見。

我現在和大兒子一家住在二代宅，但我們除了週日，

獨立，是父母能給孩子最好的禮物。做好準備，逐漸放手，讓孩子或員工有機會進步。

平日幾乎沒有往來。我們只有在週日會一起吃飯，其他時候，如果沒有什麼特別要緊的事，我不會去兒子們的家。

我白天上班，回到家之後，就一個人舒心地過日。

孩子結婚的時候，我就「把兒子給媳婦了」。媳婦們很會做菜，家事也一把罩，五個孫子照顧得很好，都快樂成長。沒有什麼比這個更值得慶幸的吧！

如果孩子邀我一起吃飯，我就登門拜訪，說聲：「你們好啊！」他們會特意拿菜給我，對我說：「請吃這個」，我就回答：「謝謝！」，滿懷感謝地收下。

我不知道這樣的做法對不對，但我認為「孩子的人生，與自己的人生已經完全分開」，所以我必須要有「橋」的意識，而且這座橋，可不能走得太過頻繁。

擁有自己的生活，為了工作和興趣忙碌，不要介入已經獨立的孩子的生活。我覺得，這是維持良好親子關係的

好方法。

31

孤獨死並不可怕，
擔心自己如何死去也沒有用

現代這個社會，只要聽到有人「孤獨死」，就會一片譁然，紛紛表示「哎呀！好可憐」、「好悲慘啊！」，但我完全不這麼想。

我認為，孤獨死並不可怕。我會這麼想，是因為孤獨地死去，不會給任何人添麻煩，不必勞煩家人辛苦照料，也不用花大筆的錢住院，一個人死得簡單乾脆。

沒有別的死法更好、更俐落了，所以我認為孤獨地死去，一點也不可怕。

「如果好幾天沒看到我的身影，搞不好我已經死了。你就隨便進到我家，查看一下吧！」我總是這樣對大兒子夫婦和左鄰右舍講（笑）。

我已經九十歲了，一個人生活，死亡什麼時候來臨都不奇怪。

每週三、四、五、六的早上，醫院司機會來家裡接我上班。我常常拜託他：「如果時間到了，我還沒有出來的話，可能已經死了，請幫我到隔壁向大兒子家說一聲。」

人出生時孑然一身，死去時也是孑然一身。死了，什麼都結束了，就算你多麼在意死後的評論、榮耀或外貌，通通沒有意義。

人死之後，不管是備受讚譽或輕蔑，與死者毫無關係，因為就算被人批評，也都聽不到了（笑）。

人在身體健康的時候，不斷地擔心自己是否會孤獨死，我覺得完全是在浪費時間。

我在意的只有一件事，那就是我不想身上插著點滴與人工呼吸器的管子死去。我也不想被施以心肺復甦術，因為被壓到肋骨快斷掉，好像很痛（笑）。

因此，我經常對大兒子說：「絕對不要用儀器幫我延續生命。」

「如果發現我倒地不起，即使還有微弱呼吸，先把我放著不管。如果馬上送醫，急診科醫生會想盡辦法急救。等到我差不多會在抵達醫院前死亡，再幫我叫救護車就好了。」我很堅定地這樣吩咐家人（笑）。

我經常在醫院照護年紀比我小的病患，我會問住院多年的病人：「臨終時，希望我們怎麼做？」病人如果拜託我們「不要救」，我們就不會採取急救措施。

我也會對家屬說明：「這是病人本人的意願，我們盡量免去痛苦，讓他安心、有尊嚴地離去吧。」

我會盡可能給臨終病患安穩、無痛苦的照護，很多病患因為我的做法，指定我來照護他們呢（笑）。

大概也是因為年紀相近吧！即使不是由我擔任主治醫師的病人，有時也會特別指名我去照護他們。

總之，生命有始有終。人一出生，就注定面對死亡。

我認為，孤獨死並不可怕，生命有始有終，只要能夠平靜、有尊嚴地走就好了。

要獨自一人死去，還是要在醫院往生，只要能夠平靜、有尊嚴地走，這樣就好了。

擔心自己的死亡，或是預先做過多規劃，都是無用的。只要吩咐家人一些基本的處置，其他的就順其自然，不用煩惱太多，輕鬆自在地繼續過日子就好了。

Episode 5

感到煩惱、痛苦，卻不得不繼續工作，最辛苦的那段日子

中村恒子回歸職場時，大兒子五歲、二兒子兩歲，都還是非常需要照顧的年紀。因為住在尾道市的父母要來大阪同住，所以他們就搬到新家。

「從那個時候開始我人生中一段最苦的日子，」她一邊回憶道，嘴角泛起了苦笑。

她的父母不僅一手包辦帶孫子的工作，也逐漸掌握了家中大權。

「我父母對我說，家裡的事就交給他們，然後事事都隨他們的心意。他們的確很盡心幫忙照顧孫子，但我卻漸漸無法參與孩子們的教養。小孩的運動會與教學觀摩日，都

由我的父母出席，連在就讀大學的弟弟們，也都三不五時跑到我家來小住幾日……。」

中村夫妻的家，就在不知不覺間，被恒子的父母奪走了主導權。不用多說，做丈夫的心情當然變差，夜夜向妻子抱怨：「我的空間只剩下廁所了」，在外流連喝酒的情況也變本加厲。

「從那個時候開始，因為我也在工作，所以先生花錢毫無節制，開始大肆宴請朋友們喝酒。他認為，我的薪水勉強可以應付房貸與生活費，所以開始不顧家計，放縱喝酒。我一直被當作壞人，丈夫的親友指責我：『簡直沒有把丈夫看在眼裡』，但是我為了負擔家計，無法輕易辭掉工作，每天都飽受精神折磨活在壓力下。」

中村恒子夾在丈夫和父母之間，兩面不是人。同時，她繼續擔任全職的精神科醫師，病患經常將近八十人，遇到門診值班時，更是忙得昏天暗地。

「那個時候，我拚了命工作，家裡和職場煩人事一大堆，但我不得不工作，忙到連煩惱的時間都沒有。搞不好，就是這些經歷，讓我獲得了身為精神科醫師的毅力和專業素養也說不定（笑）。為了孩子、父母、丈夫等問題操煩、苦惱的經驗，對我現在的看診大有幫助，所以說，人生真是不可思議哪。」

中村恒子雖然苦於各種糾葛，仍然繼續和父母同住，同時也為工作忙得團團轉，這樣的日子持續了十年之久。

「二兒子上國中之後，我父母終於說要回尾道市去。我真是鬆了一口氣，放下心中大石。」

一九七四年（昭和四十九年），中村恒子終於不用再夾在丈夫與父母中間，左右為難了。家庭和教養孩子的主導權，也回到了自己手中。

在醫院的運動會，和病人一起跑步的中村恒子

此時的她，已經充分擁有擔任精神科醫師的經驗和實力，在醫院也成為不可或缺的主力。

兩個孩子正值青春期，中村恒子一下班，就急著搭電車到商店街買肉買菜，最後兩手提著滿滿的食材，回家做晚餐。

她回憶道：「那段日子，我總是在醫院和住家之間，手裡提著滿滿的菜跑來跑去。」

當時，中村恒子負責的病人，經常超過六十人，每天忙著看診。值班的時候，她會先把燉菜或咖哩做好放在冰箱，早上從值班室打電話叫兒子們起床上學。

某次值班，剛好碰到兒子高中考試的前一天，因為怕遲到，還讓兒子睡在值班室，隔天再從醫院送兒子去考試。

另一方面，她的丈夫還是一樣愛到處喝酒，發酒瘋的時候，甚至會抓住他們母子說教超過一個小時。對於丈夫的惡習，她感到無言以對。當丈夫說得太過分時，她也曾經把離婚申請書拿出來過。

「你再這樣下去，我們就離婚吧。」

「抱歉抱歉……。」

她的丈夫會反省一小段時間，甚至買蛋糕回家討家人歡心，但是過了幾個月之後，又故態復萌。最後，中村恒子也看開了，認為「先生的這個惡習，恐怕是一輩子都改不了了。」

於是，她做出這樣的決定：「總之，就撐到兩個孩子都成家吧！直到我和先生可以在兩個孩子的結婚典禮上一起致詞之前，我會努力維持夫妻關係。」

中村恒子對於家庭的最大心願，就是兩個孩子可以健康成長，也最重視他們心理的平穩安定。為了這個目標，很多事情她都忍耐下來，徹底以家庭和諧為優先考量。

或許感受到母親的決心，兩個兒子也都健全成長。不久，大兒子成為耳鼻喉科醫師，二兒子也當上藥劑師，在社會上大展身手。

幾年之後，她的「我和先生可以在兩個孩子的結婚典禮上一起致詞」的這個長年心願，也終於得以實現。

（EP 6 待續）

第6章

日日靜好的生活哲學

32

碰到難題時，請記得告訴自己：「沒關係，一切都會變好的！」

二戰結束至今，恒子醫生度過了許多考驗，一路澹然慢活地走了過來。

在第6章，我想要以撰述者的角度，跟大家分享我從她身上學到的事。

我和恒子醫生一樣，都是精神科醫師。而且，我之所以會成為精神科醫師，還是受到她的影響。

我們最早是在奈良縣的精神病院認識的。身穿白袍的恒子醫生，在幾位男醫師當中，嫻靜地坐在醫局的桌邊。直到現在，那一幕都還很鮮明地映在我的腦海裡。

當時的我，正陷入煩惱。我的目標，是成為一名在當時還很罕見的安寧療護專責醫師，但是剛好有了孩子，不得不辭職。

在為育兒苦戰之際，家裡也發生了不少問題，不禁憂慮要怎麼堅持從醫之路、要怎麼生活下去才好。在那段期間，我在一家精神病院附設的老人保健設施擔任兼職醫師。

有一天，恒子醫生突然對我說：「奧田醫生，妳要不要當精神科醫師？妳很適合耶。」

「精神科醫師？我嗎？我行嗎？」

「沒問題的，妳很適合喔。而且，如果要一邊帶孩子、一邊從醫的話，精神科很適合。妳所有的人生經驗，都能夠派上用場，可以幫助大家。我來幫妳跟院長談談看吧，這件事交給我！」

就這樣，恒子醫生馬上就去找院長，幫我談這件事，於是我順利轉任為精神科醫師。然後，我便跟隨恒子醫生的腳步，以她為目標，持續努力。

我在本書的Episode寫得很詳細，恒子醫生的人生，真的充滿了波折。

在二戰期間乃至於戰後時期，她一人在艱困的時代，忍受了諸多苦難，成為了醫師。結婚之後，遭遇到家庭問題，工作也繁重到連煩惱的時間都沒有。

聽她講起這些往事，簡直就像在看電影一樣，戲劇性十足，往往讓我聽得入迷。聽了恒子醫生的經歷之後，我時常驚覺：「自己的煩惱，真是太微不足道了。可得再加把勁才行！」很不可思議，我就這樣打起了精神。

「人生絕大多數的問題，『一定都會船到橋頭自然直！』」

每每與恒子醫生見面談話，都會有這種感覺。除了有一種「原來我的煩惱，也沒什麼大不了」的洩氣感，還會有一種「人生一切都會變好」的奇妙安心感。

「總之，你就把每一天都過好就可以了。人生，就是順其自然。」

「吃得飽、睡得穩，有一份能夠維持生活的工作，就沒問題的。」

十八年前，我與中村恒子醫生相遇的時候

「即使發生一些不如意的事，也不用放在心上。」

在日常生活中，我與人相處時，偶爾會有情感上的矛盾，或是對一些不如意的事情過於執著，時常讓自己沉浸在悶悶不樂的情緒當中。

聽了恒子醫生的話，我體悟到，這些矛盾、執著和憂慮的情緒，是多麼地沒有意義、浪費時間。

或許，正因為我們生活在豐足、富裕的時代，才會執著於一些「不值得煩惱」的小事。想得太多，無形中也強化了自己的不安和被害意識。

當我遇到人生難題，覺得自己一直

陷入負面思考時，就會告訴自己：「沒關係，一切都會變好的。」

每次我這樣安慰自己，都會很神奇地湧現一股勇氣，勉勵自己：「好，再努力一下吧！」

33

「別人有別人的人生，我有我的人生」

避免無謂的比較和名利的追求，
就能減少不必要的衝突和壓力

恒子醫生是很知足寡欲的人，她的打扮總是清爽、整潔，我從來沒看過她背昂貴的皮包或配戴貴重首飾。

她不會刻意追求美食，她的興趣也不大需要花到什麼錢。她對金錢、物質沒有明顯欲求，在她將近七十年的工作生涯裡，也從未追求過地位和名聲。

「每天拚命生活，努力處理眼前的工作，沒時間想什麼出人頭地，或是奢侈享受人生，我沒那種志氣啦（笑）！」

恒子醫生總是帶著自嘲的語氣來回顧自己的人生，她只求能夠維持基本生活，完全不奢求其他東西。

「我希望每天都能夠過得更充實、愉快一點！」

「我要追求更有品味、更舒適的生活！」

「我要充實自己的能力，追求更大的成就！」

現代社會或許受到歐美資本主義的價值觀影響，我們在不知不覺中，往往被鼓勵要追求「更多、更多」。

然而，**人一旦想要「更多、更多」，就會開始對生活感到不滿，不斷地質疑「這樣夠嗎？」由於不安，內心無法平靜**。

比較之心，更容易讓這點惡化。與同事、朋友、社會上的其他人相比之後，赫然發現「自己所沒有的」，就開始嫌棄自己：「哎，我還不夠好！」然後，不自覺地陷入憂鬱當中，或是產生「都是那傢伙（社會）的錯，害我這麼不順！」的想法，開始歸咎他人，感到焦慮、憤恨不平。

這種情況累積久了，就會對目前的人際關係和工作，產生許多的不滿，這樣當然會對自己造成壓力。

很多人好像都陷入這樣的惡性循環無法脫身，感到痛苦，我也是其中一個。

但是，恒子醫生卻沒有和其他人比較的想法。在職場上，面對年輕醫師擔任較高職位，她毫不在意。別人的待遇比她好、比她還有成就，她也不會感到不滿。

「別人有別人的人生，我有我的人生」，恒子醫生徹底體現了這樣的處世哲學。

她在同一個職場工作了數十年，未曾主動與他人發生摩擦，也不曾捲入人際關係的麻煩中。

但是，這絕不是因為她對人冷淡或無情，她是那種「你需要人陪，我就陪你」，「你需要幫忙，我就幫你」的人。

恒子醫生幾乎不主動邀人出去玩，也不會好管閒事。我們雖然認識很久了，她對我也是如此。

不過，如果有人遇到煩惱，找她商量，她會花大把的時間聆聽你的傾訴。她的立場向來都是被動的，但是非常溫柔、和煦。

恒子醫生之所以能夠做到這些，我認為，應該是她在人際關係、工作和生活上，都非常「知足」所致。

我想，她的心境應該是「只要能夠滿足自己和家人生活下去的基本條件，這樣就夠了。」

你不妨花點時間想想，你真正需要的，到底是什麼？只追求你真正需要的東西，如此一來，就能實踐「別人有別人的人生，我有我的人生」的處世哲學。

34

人際關係的祕訣就是，
保持適當距離，絕不逾越界線

無論在職場、診療，或是待人接物上，恒子醫生一律以溫和、平等的態度面對。

當被問起：「有沒有讓妳覺得不好相處的人？」她會泰然回答：「我對人沒什麼好惡之分耶。」

也許是這個原因，她的人際關係一向都很平和、穩定。在她工作多年的職場上，也幾乎沒有與她敵對、關係交惡的人。

我目前身為企業健康管理顧問，負責大約二十家公司職員的心理諮詢，幾乎每天都會遇到為這些事情煩惱不已的人——

「主管很難相處，我實在忍不下去了。」

「我和某某同事，在個性上，怎樣都合不來。每天還要見面，壓力很大。」

認為同事或主管很討厭、難相處，每天還要到公司上班，當然壓力很大。很多人還因為焦慮，搞壞了身體。

愈是覺得「好討厭」、「難相處」，無意中就會表現在態度或臉上，時間久了，對方一定能夠察覺到。這樣一來，雙方的關係當然就會變得緊張，甚至嚴重到一觸即發的地步，只是一點小事，也很容易變成大問題。

我自己就是屬於好惡分明、合則來不合則去的類型，所以很了解這種人的苦惱，以及日子過得很痛苦的心情。

我思考要怎麼做，才能夠像恒子醫生那樣，降低對人的好惡之分呢？

然後，我觀察恒子醫生，注意到一件事，那就是她「與人相處，都保持一定的距離。」

恒子醫生不會積極期盼，或在行動上表現出「希望和對方相處得更密切、更深入」的態度，與人交往都保持著一定的距離。

但是，她並非經常處於孤單一人的狀態，對於欣賞自己、主動結交的人，都會報以溫和的微笑，愉快地交談。

由於總是與人保持著適當距離，所以不會對人有過多期待，也不會有過度的戒心。

無論是怎麼樣的人，有優點，也一定會有缺點。與人交往，如果只看到好的一面，雙方自然能夠相處愉快。

與人交往如果過於密切，難免會接觸到對方不好的一面。如果對人有過度的冀求，只要對方不符合自己的期望，很容易就會衍生出憤怒和失望的情緒。或許因為這個道理，恒子醫生才會與任何人都保持著適當的距離。

第5章提過，恒子醫生明明就住在大兒子夫婦家的隔壁，卻很少去他們家。

她說：「兒子結婚的時候，就交給媳婦了。孫子當然也是媳婦和兒子的。」

雖然是母子關係，但恒子醫生在大兒子夫婦與自己的生活之間，設定了界線，不會貿然上門打擾。所以，恒子醫生與媳婦，一直沒有發生社會上常見的婆媳問題。

我想，這也是恒子醫生在職場數十年，一直都深受重用的原因之一。

35

孤獨不等於寂寞，
了解「孤獨是生活的自然狀態」，
很多事就會變得更輕鬆自在

人與人之間的交往，要保持適當的距離。那麼，恒子醫生絕妙的人際距離，是如何拿捏的呢？

我想，應該是源於她「不害怕孤獨的心」。

在寫這本書的時候，我深入和恒子醫生談了很多。「基本上，人就是孑然一身活在這世上。」她說的許多話，都傳達了這樣的觀念。

雖然她生了兩個兒子，現在也與大兒子一家比鄰而居，還有很多孫子，但恒子醫生經常處於「一個人」或「孤單」的狀態。

她和大兒子家，只有在週日一起吃個晚餐，平日幾乎不會碰面，沒事也不會通電話。

但恒子醫生認為這是理所當然的事，對她來說，所謂的「孤獨」，是生活的「自然狀態」。

與她談話，我發現她對「孤獨」的看法，和我認為的有很大的不同。

她口中的「孤獨」，完全沒有不好、寂寞、令人羞恥或悲慘的負面意涵。

恒子醫生抱持著「人本來就是孑然一身活著」的觀念生活，所以一人獨處時，也完全不會感到任何恐懼或不安，反而覺得這樣的狀態很自然。

反觀，包含我在內，現代社會絕大多數的人，都非常害怕、厭惡孤獨。**為了不陷入孤獨，想盡辦法和他人「保持聯絡」、「結伴同行」。結果，往往得忍受一些人際關係，讓自己倍感壓力**。

在工作上，處心積慮想要結交朋友；私底下，也經常希望與他人保持聯繫，到哪都離不開社群網站。

過於害怕孤獨，很容易就會因為妥協、迎合他人而感到痛苦。加上經常與人接觸，反而容易發生摩擦或心生不滿。

因此，恒子醫生的生活方式，讓我明白「孤獨是很好的」。

正因為恒子醫生抱持著「獨自一人也很好」的淡定處世哲學，對人沒有強烈的期望或期待，所以不會因為周遭人的來來去去，影響到情緒，甚至生氣。

由於她認為「孤獨是很好的」，周圍的人與她相處都很自在，欣賞恒子醫生的人，反而更多了。

想要擁有更好的人際關係，就要好好重視獨處的時間。學會獨處，或許才是人最根本的生命課題。

36

人生不急於求成，
每個階段都有重要的課題，
好好把握當下，才不會錯過最重要的事

開始工作之後，你往往會從四面八方接收到「你要更努力」、「你要成長」的訊息，使你不由自主產生焦慮，認為自己「必須做出更多成果」，我每天都會在門診看到被這些壓力壓得喘不過氣來的人。

我也有過類似的心情，所以非常了解這種壓力。剛生完孩子不久，我馬上就安排一週上兩天班，用兼職的方式讓自己重返職場。

當時，有許多同期的醫師，已經在學會發表論文或出國留學，看到他們活躍於第一線，我不禁滿懷憂鬱。

就是在那個時期，我與恒子醫生相識。看到滿腹牢騷的我，她總是勸我：「工作的事先不必著急，好好帶孩子，這對妳以後絕對會有幫助。」

「看診的醫生多的是，但是對妳的孩子來說，媽媽只有一個。全心全意地守護孩子，是妳目前最重要的工作。」

恒子醫生對我說：「我常常後悔當初沒有花更多心力在孩子身上。雖然我必須工作，但我一直把孩子的幸福放在第一位。他們好像也能夠體會到我的心意。」「如果父母能夠給孩子充分的愛，孩子自然就能夠學會獨立自主。在孩子獨立之前，我們就盡所能，以他們的幸福為努力目標就好。至於自己的個人成長，就先推遲一下，盡全力讓孩子開心成長。」恒子醫生溫柔地告訴我這些道理。

現在的恒子醫生工作順利，家庭穩定，看來擁有一切。我想，這是因為她在人生的每個階段，都沒有錯過當下最重要的事，堅定地把事情做好，才能有現在的美好結果。

人生的結果如何，最後才會知道。人生的每個階段，都有重要的課題待解。我們必須做的，就是不能夠忽略眼前最重要的事。恒子醫生透過自己的人生，告訴我們這個重要的道理。

Episode 6

送別丈夫後，即使年老，仍然受到工作之神眷顧

中村恒子達成「直到我和先生可以在兩個孩子的結婚典禮上一起致詞之前，我會努力維持夫妻關係」這項長年目標之後，還是沒有和丈夫離婚。

「那時，我先生也上了年紀，酒量減少，言行舉止漸漸變得溫和。如果放他一個人，總是挺可憐的，而且離婚手續也很麻煩，所以我想就算了吧（笑）。」

中村恒子的兩個孩子都很優秀、獨立自主，她在他們結婚之後，繼續擔任精神科醫師。

年逾六十的她，已經不必再為了孩子的學費與貸款等家計工作。不過，她仍然不斷地收到工作邀約，當她想要

攝於兒子的結婚典禮（右二）

減少工作時，又會收到其他請託。

當時，中村恒子已經離開了工作二十二年、位於信貴山下的醫院，轉到奈良縣吉野郡鄉下小鎮的精神病院，一週上班五天。

後來，就連休假日的週六，她都被醫院拜託去上班。有時，她要千里迢迢地坐船到淡路島的醫院值班，或是到大阪的診所幫忙看診，過著一週上班六天的生活。

這個時期的中村恒子，在心境上，已經從「為了生活而工作」，變成「用工作愉快地消磨時間」。

她回憶道：「一直以來，我都埋首於

工作，沒有什麼其他興趣。既然待在家裡也沒事做，不如去上班，跟病患與合得來的同事聊聊天，還比較好呢！」

十六歲隻身從尾道市遠赴大阪之後，中村恒子纖弱的肩上，盡全力背負過來的各種重擔，如今終於得以卸下。但無事一身輕的她，並未就此休息，仍然持續工作。

不久後，中村恒子的兩個兒子，各自生下了可愛的孩子。大兒子夫婦在隔壁蓋了房子，帶著恒子的五個孫子一起搬來同住。

至於她的丈夫，因為過量飲酒，視力大不如前，手指也不靈活。他和妻子不一樣，六十五歲時斷然從耳鼻喉科的工作退休待在家裡，變成了一位寵愛孫子的慈祥老爺爺。

一到休假日，五個孫子會一窩蜂衝到爺爺奶奶家。

「喔，來了啊！今天有點心喔。你們看，還有玩具。」

「哇，謝謝爺爺！」

對於孫子們想要的東西，溺愛孫子的爺爺，全部予取予求。

「你再這樣隨便給東西，媳婦會生氣的。」

就算被中村恒子罵，賦閒在家的丈夫，仍舊盡情和孫子們享受著天倫之樂。

平穩的日子，就這樣一天一天地過。中村恒子依然繼續上班看診，與隔壁的大兒子夫婦，保持著不即不離的微妙距離。

這樣平穩又熱鬧的生活，維持了五年左右。某天，在家和孫子們玩的丈夫，發出了一聲「呃……」，就突然倒地。

中村恒子馬上把丈夫送醫急救，診斷結果為「腦梗塞」（腦中風）。

她丈夫出院時，並沒有什麼後遺症，但是因為動脈持續硬化，之後陸續發生了好幾次腦梗塞，行動也逐漸遲緩。

在她丈夫七十五歲那一年的春天，發生了比以往都嚴重的腦梗塞，雖然運氣好，挽回了性命，卻變成左半身不遂。透過復健，她丈夫逐漸得以扶著助行器自己站起來，但無法自理生活。

「還是到了需要人照護的時候，也該把工作辭了。」中村恒子看到丈夫變得虛弱不已的身影，自然有了要照顧他的決心。

雖然丈夫讓她吃了很多苦，但畢竟是長年同住的夫妻，兩人之間有著超乎想像的強烈羈絆。

中村恒子把住家改造成無障礙空間，不僅準備了看護床，也在走廊加裝扶手，做好了專心看護丈夫的各種準備。他看到妻子這麼用心，覺得非常感動。

二〇〇四年（平成十六年）十月，在中村恒子工作的最後一天，醫院全體上下舉辦了慰勞會和歡送會。她的丈夫心情愉快地笑著對她說：「妳就跟大家盡情地喝到早上再回來，也沒關係。」

不過，在中村恒子歡送會的隔日，卻發生了憾事。出院在即，比平常更努力做復健的丈夫，在步行練習時倒地不起，再也沒醒來過，死因是「胸主動脈瘤破裂」。

中村恒子和大兒子夫婦回想起當時的情況，都異口同聲地感嘆：「最後，真的死得很乾脆俐落啊！」

丈夫沒有讓她辛苦擔任看護，直接往另一個世界去了。或許，這是中村三雄先生，對妻子表達身為丈夫最大的感謝和愛吧。

丈夫的喪禮結束後，不到一個月，中村恒子就開始接到醫院的請託。

她心想：「待在家裡什麼也不做，也不是辦法……」，於是她又恢復一週兩次到大阪診所看診的日子。

半年後，在奈良醫大教授的推薦之下，大阪和泉市的醫院極力請求中村恒子：「請一定要來我們醫院服務！」

「那裡的感覺跟尾道的鄉下很像，讓人覺得很懷念……。」所以，中村恒子爽快地答應了，結果一年不到，她又回到每週看診六天的生活。

已經高齡七十六歲的中村恒子，依然受到工作之神眷顧，她的人生似乎與工作有著切不斷的緣分。

37

就算沒有輝煌璀璨的成就，只要照亮一隅便已足夠

二〇一七年，我八十八歲的夏天，因為要寫書，所以我好好地回想了迄今的往事。

不知不覺，迎來了二〇一八年的元旦，我已經八十九歲，又老了一歲。想到明年即將邁入九十歲，就感到有點吃驚。原來，我已經活了這麼一大把年紀了（笑）！

當了這麼久的精神科醫師，總覺得「人往往一直在尋找能夠分享悲傷和痛苦的人」，感觸良多。

只不過，人終歸得一個人活下去。世界上沒有人能夠百分百幫助自己，也沒有人會終日把你放在心上。

人生想要過得順遂，首先要有這樣的覺悟。無論發生什麼事，都必須要有「這是我自己的人生」這樣的想法。

老實說，人生是「孤寂」的。我們都會想要依賴別人、想要說真心話，但是只說真心話，是無法在這個社會上生存的，懂得適時說場面話是必要的。

無論是什麼樣的人，生活在世上，難免會覺得寂寞、不安、孤獨或痛苦。在這些時刻，若是有人能夠稍微分擔一點心事，就會感到輕鬆一點，也比較能夠打起精神來，心靈就會逐漸恢復平靜。

我一開始獨自一人到大阪時，也受到許多人的幫助。我深刻體會到，正因為有很多人跟我一起分擔疲憊和痛苦，我才能一路走到今天。

想要生活順遂，懂得與周遭的人保持適當距離，輕鬆、愉快地往來，是非常重要的處世原則。不過，我們都是有血有肉的人，現今社會如此慌忙，不知不覺中，這種平衡也會有失序的時候。

我們很容易會對他人有過多期待，或是對自己太過嚴苛，讓自己身心俱疲。其實，不只與人相處不容易，與自己和平共處，可能也不是那麼容易。

這是我的生活方式，沒有所謂的好或壞。我覺得，這樣子就很好。

我的兩個兒子，都找到了很好的另一半，成家立業。我的孫子們，也都被照顧得很好。接下來，我只等著死亡來臨時，我可以灑脫、俐落地前往另一個世界（笑）。現在，我就只有這個想法。

人很容易流於武斷，總會有「應該這樣生活」、「不應該那樣做」的獨斷想法，往往認為賺很多錢的人很了不起，或者一定要實現夢想，人生才會無憾。

如果你覺得那樣的想法「似乎有點不對」，請相信你的直覺。**畢竟，人生的滿足感，不是由他人來決定的。這個世上沒有規定，你的生活一定要過得跟什麼人一樣。**

請務必要有「這是我自己的人生」的覺悟。我們人，終究只能活得「像自己」。當你對於被人呼來喚去的生活感

人生要活得像自己，誠實面對「自己是什麼樣的人」。每個人的人生都有特性，無法比較。

到疲憊時，請一定要想起「人生，要活得像自己」這句話。

二〇一八年五月底　中村恒子

結語
宛如蓮花迎風搖曳

非常感謝大家閱讀這本書。

我（奧田弘美）與恒子醫生已經相識十八年，一直想要把她的故事寫成書。

和恒子醫師久違碰面時，得知她已屆米壽（八十八歲），開始考慮逐漸減少工作量。

「為了爽快地安然死去，現在要做一些準備。也要把平時放著不管的家裡，好好整理一下了。之後，就只剩下安靜地等待死亡。」現在的恒子醫師，是以這樣的心情平靜生活著。

我一直很想把恒子醫生的故事寫成書，但總不如願。這次，「我真的想寫！就來寫吧！」，再度湧現了強烈的意願和勇氣。

不過，因為接連遭到出版社拒絕，遲遲無法出版這本書。最後，在與すばる舍的吉本龍太郎先生等人的美好善緣下，這本書終於得以問世，心中充滿了無限感謝。

在我寫這本書的時候，恒子醫生將她的人生經歷，寫成好幾張Ａ４拿給我。這是恒子醫生一邊練習打字寫下的東西，在她毫不矯飾的文字中，我深深為其中一段所觸動。

「現在，回想起來，我剛進中庄小學那一、兩年最開心的事，就是看到蓮花田裡的蓮花，在一片盛開中搖曳生姿的情景。」

當時還是和平時期，年幼的恒子醫生在尾道市的因島度過了小學時光。在可以看見美麗瀨戶內海的小島上，有著恒子醫生打滾、玩耍過的蓮花田，不知怎的，蓮花與恒子醫生的身影似乎重疊在一起。

柔美的紫紅色蓮花隨風搖曳，身姿纖細，根入大地，藕莖四面八方地緊盤著大地，能夠度夏越冬，傲然生長著。

蓮花的花語是「撫平痛苦」、「心境平和」。恒子醫生超過八十九年的人生，宛如田裡盛開的蓮花迎風搖曳一般，既柔軟、堅韌又溫柔。

二〇一八年五月底　奥田弘美

攝於比叡山延曆寺石碑前

Star 星出版 生活哲學 LP002

日日靜好

90歲精神科醫師教你
恬淡慢活的幸福人生

心に折り合いをつけて
うまいことやる習慣

作者 —— 中村恒子 口述
奧田弘美 撰寫
譯者 —— 賴詩韻

總編輯 —— 邱慧菁
特約編輯 —— 游韻馨
編輯協力 —— 曾士珊
封面完稿 —— 陳俐君
內頁排版 —— 立全電腦印前排版有限公司

出版 —— 星出版／遠足文化事業股份有限公司
發行 —— 遠足文化事業股份有限公司（讀書共和國出版集團）
231 新北市新店區民權路 108 之 4 號 8 樓
電話：886-2-2218-1417
傳真：886-2-8667-1065
郵撥帳號：19504465 遠足文化事業股份有限公司
客服專線 0800221029
法律顧問 —— 華洋法律事務所 蘇文生律師
製版廠 —— 中原造像股份有限公司
印刷廠 —— 中原造像股份有限公司
裝訂廠 —— 中原造像股份有限公司
登記證 —— 局版台業字第 2517 號

出版日期 —— 2023 年 09 月 19 日第一版第十次印行
定價 —— 新台幣 350 元
書號 —— 2BLP0002
ISBN —— 978-986-97445-3-9

星出版讀者服務信箱 —— starpublishing@bookrep.com.tw
讀書共和國網路書店 —— www.bookrep.com.tw
讀書共和國客服信箱 —— service@bookrep.com.tw
歡迎團體訂購，另有優惠，請洽業務部：886-2-22181417 ext. 1132 或 1520

國家圖書館出版品預行編目（CIP）資料

日日靜好：90 歲精神科醫師教你恬淡慢活的幸福人生／中村恒子 口述，奧田弘美 撰寫；賴詩韻 譯 . 第一版 . – 新北市：星出版，遠足文化發行，2019.07
272 面；14.8x21 公分 . --（日日靜好；LP002）.
譯自：心に折り合いをつけて うまいことやる習慣
ISBN 978-986-97445-3-9（平裝）

1. 人生哲學　2. 生活指導

191.9　　108010186

新觀點
新思維
新眼界

Star

星出版